中米の子どもたちに算数・数学の学力向上を

教科書開発を通じた国際協力30年の軌跡

西方 憲広
NISHIKATA Norihiro

はしがき

　本書は、中米地域において、ホンジュラスに始まり、その後、エルサルバドル、グアテマラ、ニカラグアにまで広がる、算数・数学の教科書開発を中心とした日本の教育協力30年の軌跡を描いたものである。

　2015年9月の国連総会で採択された「持続可能な開発のための2030アジェンダ」は、「誰一人取り残さない」を理念とし、17の持続可能な開発目標（SDGs）を掲げている。そのうち4番目の目標が「質の高い教育をみんなに」である。本書で取り上げる中米地域における日本の算数・数学教育協力は、この質の高い教育の実現をいわば先取りして目指してきたものともいえるだろう。

　この協力の特徴を2点挙げたい。まず、青年海外協力隊員が現地の人々と協力して算数・数学という日本が世界的にも高く評価されている科目で教材を開発し、教科書として正式に採用された点である。本書は、教員としてホンジュラスに派遣された協力隊員が、語学のハンディを負いながら、現地の小学校の教育改善に取り組む中で、自らの知識と経験を活かすことができる分野が「万国共通の言語」である算数・数学ではないか、と考えつくところからスタートする。この協力隊員は、現地の教員や教育省の行政官の賛同を得て、日本での教員経験をもとに、子どもたちの算数・数学に対する理解を促進するための教材を開発していった。教材開発にこだわったのは、良質な教材さえあれば、子どものおかれている環境がたとえ満足のできる状況でない場合でも、学力向上の機会を提供することができるとの考えに基づいていた。このようなアプローチにより、作成された算数・数学の教材が、最終的に教科書として正式に採用され、全国に配布されるようになったのである。

　もう一つの特徴は、協力隊員の個別の活動という「点」として営まれていた活動が、複数の協力隊員と技術協力プロジェクトの専門家との協働で「面」へと発展し、さらに国境を越えた広域プロジェクトとして展開をする

こととなったことである。JICAは算数・数学の学力向上を目指して継続的に協力を行い、段階的にスケールアップしていくアプローチをとってきた。グアテマラでは小学生の算数学力の向上にもつながっている。広域プロジェクトとしての展開が円滑に行われた背景には、中米という同一言語が話されている比較的小さな国々が集まる地域ならではの地理的特徴をうまく捉えた側面がある。

このように大きな成果を挙げた中米地域の算数・数学教育協力に、1987年から今日に至るまで携わってきたのが、本書の著者西方憲広氏である。著者は、日本での4年間の教員経験を経てホンジュラスの小学校に協力隊員として派遣され、その後、在ホンジュラス日本大使館の専門調査員やJICAの「算数指導力向上」プロジェクトで専門家を務めるなど約13年間ホンジュラスに滞在し、現地における日本の教育協力に関わってきた。現在は、本書でも触れられている中米地域の広域プロジェクト「初中等教育算数・数学指導力向上プロジェクト（ESMATE）」の専門家としてエルサルバドルで活躍している。著者自らがこの30年にわたる活動の記録をまとめた意義は大きい。

本書はJICA研究所の「プロジェクト・ヒストリー」シリーズの第16弾である。この「プロジェクト・ヒストリー」シリーズは、JICAが協力したプロジェクトの歴史を、個別具体的な事実を丁寧に追いながら、大局的な観点も失わないように再構築することを狙いとして刊行されている。そこには著者からのさまざまなメッセージが込められている。中米地域を取り上げたのは、2013年に発刊された「中米の知られざる風土病『シャーガス病』克服への道」以来2冊目である。教育分野では、他に2011年に発刊された「西アフリカの教育を変えた日本発の技術協力」がある。是非、一人でも多くの読者の方に本書をはじめとするシリーズを手に取ってご一読いただければ幸いである。

JICA研究所長

北野　尚宏

目次

はしがき……………………………………………………………………… 2

序　章……………………………………………………………………… 9
【コラム】中米はどんなところ？……………………………………… 18

第1章
すべては協力隊から始まった……………………………… 21
1．算数教育協力が生まれるまで……………………………………… 23
　(1)巡回先の小学校で16mm映画を上映…………………………… 23
　(2)算数教育に活路を見い出す……………………………………… 26
　NOTE「通分」が日本と違う？……………………………………… 29
　(3)なぜを大切にした算数…………………………………………… 30
2．協力隊が算数科に協力を特化……………………………………… 32
　(1)INICEの現職教員研修のアイデア……………………………… 32
　(2)ホンジュラス教育省から協力隊活動への予期せぬ問いかけ…… 34
　(3)5会場での週1回の研修………………………………………… 38
3．ホンジュラス初の国定教科書……………………………………… 41
4．1990年ホンジュラス人の手によるホンジュラス人のための研修…… 45
5．協力隊による算数プロジェクト誕生秘話………………………… 46
　(1)1990年協力隊のプロジェクトとしての萌芽…………………… 46
　NOTE 算数プロジェクト素案要旨………………………………… 47
　(2)算数プロジェクト誕生…………………………………………… 48
　(3)算数プロジェクトでは何がなされたか？……………………… 49
　NOTE 算数プロジェクトで開発された教材リストと研修受講者数…… 50
　(4)算数プロジェクト―実施体制の利点と問題点………………… 51
　(5)隊員の開発した問題集が隊員の知らないところで全国配布？…… 55
　(6)なぜ継続しなかったのか？……………………………………… 56
【コラム】中米と日本の算数学習内容の違い
　　　　　繰り上がりのある足し算は10のまとまりで考える!?…… 59
【コラム】中米と日本の算数学習内容の違い
　　　　　数字の読み方が違う!?…………………………………… 60

第2章
日本がホンジュラスの算数教科書開発にかかわる
－初めての教科書開発を中心とした技術協力－ ……… 61
1．技術協力として…………………………………………………… 63
　NOTE PFCと呼ばれた現職教員継続研修 ………………………… 63
2．「教え込み」から「考える」…………………………………… 65
　NOTE 構成主義と新カリキュラム ………………………………… 66
3．「考える」カリキュラムと問題点（学習量の多さと学習配列の不都合）… 67
　NOTE 盛りだくさんの学習内容 …………………………………… 68
　NOTE 学習テーマの配列に課題 …………………………………… 70
　NOTE 理念が先か現実が先か？ …………………………………… 71
4．現実の子どもたちの実態を反映させた新カリキュラムだったか？……… 72
　NOTE 適切な学習テーマの配列は学習改善の重要ポイント ……… 72
5．「試用版」が「最終版」？……………………………………… 74
6．新カリキュラムに準拠した算数教科書をJICAがつくる？…… 75
　(1)突然の教育省からの申し入れ………………………………………… 75
　NOTE 既に1、2年生教科書は開発されていた ………………………… 76
　(2)プロメタムの教材開発………………………………………………… 78
7．世界銀行も教科書をつくっていた!?…………………………… 79
　(1)援助の重複が生まれやすい土壌……………………………………… 79
　(2)JICA版教科書の採用 ………………………………………………… 80
8．ドナー協調から生まれた教科書の全国配布
　―「万人のための教育Education for All」ファスト・トラック・イニシアティブ―… 81
　(1)困窮する教育省の財務状況…………………………………………… 81
　(2)ホンジュラスに教育ドナー会合が生まれた………………………… 82
　(3)EFA-FTI ……………………………………………………………… 84
　(4)教育と政治のはざまで………………………………………………… 86
9．教室で教科書が使われるために………………………………… 87
　(1)新教科書使用法に関する伝達講習顛末（てんまつ）………………… 87
　(2)教科書は教室に届いたのか？………………………………………… 89
　(3)教科書は教室で受け入れられたか…………………………………… 91

【コラム】中米と日本の算数学習内容の違い
　　　　掛け算の順番なんてどっちでもいいよ ………………………… 93
【コラム】中米と日本の算数学習内容の違い
　　　　教科書で使われる数字の違い ………………………………… 94

第3章
中米広域"算数大好き"プロジェクト ……………………………… 95
1．広域プロジェクトの誕生…………………………………………… 97
　(1)中米教育文化大臣会合での積極的な広域協力の売り込み……… 97
　(2)CECCとの広域協力枠組み？……………………………………… 100
　(3)広域参加国はJICAの協力理念とその手法をどう捉えたか？ ……… 101
　(4)南南協力の頓挫……………………………………………………… 104
　(5)日本人専門家の出張回数の増加…………………………………… 108
2．人材育成への希求…………………………………………………… 109
　(1)教育省の職員は仕事に消極的？…………………………………… 109
　(2)教育省内人材能力強化へのこだわり……………………………… 112
　(3)教育大学と教育省…………………………………………………… 115
　(4)なかなか教育省の専属カウンターパートが決定しない!? ……… 116
3．算数教育人材強化…………………………………………………… 120
　(1)人材強化するという決意だけが先行したプロジェクトの船出………… 120
　(2)筑波大学附属小学校算数部のプロ教師…………………………… 123
　NOTE プロジェクトの職能発達仮説に基づいた評価結果 ………… 124
　(3)コアグループ職能発達段階仮説…………………………………… 124
　(4)問題解決型学習は万能薬なのか？………………………………… 126
　NOTE プロジェクトの児童の学力向上モデルとロジカル・フレームワーク… 127
　NOTE ホンジュラス学力テストにおける児童の平均正答率（6年生）… 129
【コラム】中米と日本の算数学習内容の違い
　　　　「式」という言葉がない!? ……………………………………… 130
【コラム】中米と日本の算数学習内容の違い
　　　　スペイン語に「さんかく」「しかく」はない………………… 131

第 4 章
中米諸国への展開 ………………………………………………… 133
1．エルサルバドル―広域プロジェクト的教科書開発― ………………… 135
　(1)プロジェクト形成秘話―ボランティア調整員、教育大臣と日本大使― … 135
　(2)プロジェクト以前より教科書開発は始まっていた …………………… 137
　(3)予期せぬ問題 …………………………………………………………… 139
　(4)ホンジュラスから日本人専門家の出張 ……………………………… 141
　(5)業務調整型専門家の苦労 ……………………………………………… 142
　(6)エルサルバドル版の教科書を開発するということ ………………… 144
　(7)教員研修 ………………………………………………………………… 146
　(8)政権交代による全国配布版教科書の「お蔵入り」 …………………… 146
2．グアテマラ―協力隊と共に始まった算数協力― ……………………… 148
　(1)なぜグアテマラで算数の教材開発が始まったのか？ ……………… 148
　(2)隊員が選択した素晴らしい戦略 ……………………………………… 152
　(3)グアテマティカ教科書の誕生 ………………………………………… 157
　NOTE グアテマラ小学生の算数学力が向上 …………………………… 160
3．ニカラグア―授業研究の広がり― ……………………………………… 160
　(1)授業研究が教育政策に ………………………………………………… 160
　NOTE 日本の授業研究と途上国の授業研究 …………………………… 161
　(2)なぜ授業研究だったのか ……………………………………………… 162
　(3)授業研究を現職教員研修に …………………………………………… 167
【コラム】中米と日本の算数学習内容の違い
　　　　　割合を表す分数で足し算!? ……………………………………… 170

第 5 章
第 2 回広域中米算数・数学協力が始まった
―世界との学び合いの場を求めて― ……………………………… 173
1．また中米で協力ができる！ ……………………………………………… 175
2．プロジェクトをどのように策定されたか？ …………………………… 176
3．新しい広域プロジェクトの意味 ………………………………………… 178
　(1)算数・数学学力向上の前提条件が整う条件設計 …………………… 178

(2) JICA新理数科協力戦略	179
(3) 学習到達度改善までの介入プロセスを検証できるフィールド	182
(4) 主要カウンターパートの徹底的な能力向上の必要性	183
(5) 広域的な学び合いプラットフォームの形成	183
4．再度の広域プロジェクトの進捗	185
(1) 高校数学教科書開発	185
(2) 学び合い	187
(3) エルサルバドルのカウンターパートは24人	188
(4) 教科書開発を通した学力向上	189
(5) カウンターパートの能力向上のジレンマ	190
(6) どうやって学力向上を達成し得るのか？	192
(7) 教科書開発後の人材育成プラン	192
あとがき	196
参考文献・資料	198
略語一覧	202

序　章

序章

　「教育」というと誰もが「とても重要」と答える。また日本でもさまざまな媒体を通して「途上国の子どもたちに教育を」というメッセージ性を含んだ広告などを目にすることが多い。しかし、日本がこれまで途上国の教育にどのような協力を行ってきたのか、どのような成果があったのか、またどのような課題に挑戦してきたのかは、あまり知られていないのではないだろうか？

　本書は、日本が1987年から現在まで中米地域において実施してきた算数・数学教育協力の歴史を、できるだけ具体的にひも解くことを通して、読者の皆様に日本が実施してきた教育協力を具体的にイメージしていただくことを目指している。

　開発途上国の算数・数学教育は日本人から見た場合、どのようなことが課題として捉えられ、何を改善しようとして協力されてきたのだろうか。

　これまで活動に参加した日本人はすべからく、途上国の算数・数学学力が先進国のそれと比べると低い現実に直面した。そして、それぞれの立場から、どうやったら学力を向上させることができるのかという課題にそれぞれ挑戦してきた。

　これまで活動してきた日本人の報告書を読んでみると、算数・数学学力向上を阻害してきた原因は、大きく分けると以下の2つになる。一つは、途上国の算数・数学教科書に掲載されている学習内容間につながりがあまり見られないこと。もう一つは、「考えること」よりも「公式を覚えて問題を解くこと」を算数・数学の学習と捉える傾向があることである。

　学習内容につながりがあまり見られないことに関しては、途上国の算数・数学教科書を見るとよくわかる。日本人の目から見ると、一つ一つのテーマがあたかも独立して存在するかのように配列されているからである。さらに、その一つ一つのテーマ内を見てみると数字の使い方が荒い。使われている数字が必要以上に難しく、やさしい問題から難しい問題に配列されていないなど、日本の教科書で学んだ日本人であれば誰でも違和感を持ってしまうと思う。例えば小学校算数の最小公倍数の場合は、日本であれば

「2と3、2と4、4と6」というような数字が掲載されている。しかし途上国の教科書では「13と19、65と117」というような数字が使われており、生徒の理解を必要以上に難しくしている。

　二つ目の「考える」を軽視している状況は、算数・数学を面白くない授業にしている大きな原因の一つである。途上国の授業は「先生が黒板に問題を書いて、解き方の説明をする。その解き方を生徒はノートに写す。その後先生が演習問題を板書して生徒が解く。先生が正解の解き方を黒板に書く。生徒は（自分の解き方とは関係なく）また先生の解き方をノートに写す」という形態が多い。

　途上国は日本と異なり、教科書が無償配布されることが少ないので、生徒が教科書を持っていない場合が多い。自分が書いたノートだけが頼りである。よって、試験が近くなるとノートとにらめっこして、解き方を覚えるという勉強方法をとることとなる。

　以上の2点は、本書に登場する中米の国はもとより、多くの途上国の算数・数学教育において観察される現象である。そして、現在まで多くの日本人がこの二つの問題に対してさまざまな方法でアタックしてきた。

　本書では彼ら一人一人の活動を当時の報告書やインタビューを通して、できるだけ忠実に書き留めるように努めた。本書が網羅しようとしたのは、30年にも及ぶ中米地域の複数国での活動であったため、すべてを記載することはかなわなかった。よって、国は異なるが同様な活動であった場合は一つの国だけを選んで記載し、他国の活動は割愛せざるを得なかった。また当時活動していた方々と連絡がつかなかった場合は、報告書からの引用やインタビューができなかったため（それがとても重要な活動であったとしてもやむを得ず）記載していない場合もある。また、筆者は比較的長く本活動にかかわってきたため、筆者のバイアスがかかった記述となっている可能性もあるが、これまでの活動を今書き留めておかなければ、今後記録として残らない可能性もあると判断し、偏った記述となってい

る可能性は十分承知しつつ書き留めておくことを選択したものである。

　ここで、本書の全体の流れについて触れておきたい。

　第1章では、1987年にホンジュラスに青年海外協力隊として派遣された筆者が、何を見て何をやったのかを記した。筆者が始めた算数協力は、現在の目から見れば非常に幼稚なものであった。しかしその幼稚な活動が、その後多くの後任の隊員たちがかかわることにより、見違えるように精錬された活動となっていく。1990年代には協力隊の活動としてはきわめて体系化された全国的な活動へと発展を遂げた。JICAの教育分野での協力は、1990年前半には未だ本格的に開始されていなかったことを考えると、ホンジュラスの協力隊員たちが成し遂げた活動は非常に先進的であった。当時の隊員たちが何を考えたのか、どんな思いで活動に向き合っていたのか、その一端に触れていただければ幸いである。

　第2章では、2003年からホンジュラスで始まった算数分野におけるJICAの技術協力プロジェクト事例をご紹介したい。このプロジェクトは、1990年代に多くの隊員たちが築き上げた算数教育協力成果に基づいて設計されたもので、ホンジュラスの小学校算数教科書開発を実施し、JICA協力として世界で初めて教科書の全国配布を実現させた。もちろんその教科書は改訂されながら、現在でも全国の小学校で毎日使われ続けている。

　第3章では、2006年から始まった中米地域での小学校算数教育分野の広域プロジェクトをご紹介したい。ホンジュラスで開発された小学校算数教科書は、教育大臣によって他国の大臣に紹介された。グアテマラでは90年代のホンジュラスと同様、協力隊員の活動が展開されていたことなどから、ホンジュラスを中心としてニカラグア、エルサルバドル、グアテマラ、ドミニカ共和国でプロジェクトは実施された。

　第4章では、中米広域プロジェクト事例として3カ国（エルサルバドル、グアテマラ、ニカラグア）での取り組みをご紹介したい。これらの国では小学校算数教科書開発を実施し、結果全国に配布された。ただし、ここ

で取り上げる事例は、日本の協力事例としてそれぞれ特徴のある部分のみとした。

エルサルバドルでは、プロジェクト運営を担うエルサルバドル派遣専門家と、ホンジュラスから出張ベースで算数教育の技術支援を実施していた専門家のチームプレーで教科書開発が実施された事例をご紹介する。これは当時のJICAが設計した日本側専門家の配置に基づく技術協力戦略に基づいている（ニカラグア、ドミニカ共和国でも同様の活動が展開されているが、本書ではエルサルバドルを取り上げることとする）。

グアテマラでは、広域協力が開始される前の協力隊チーム派遣の奮闘ぶりをご紹介したい。シニア隊員を中心としたメンバーが、小学校算数教科書を4年生まで開発した事例をご紹介する。90年代のホンジュラスで実施された協力隊活動の教訓を踏まえ、協力隊員たちはグアテマラ教育省に政策提言を実施するなど、あとの教科書の全国配布につなげる活動を展開している。

ニカラグアでは、2011年から中米広域プロジェクトの後継プロジェクトとして実施された授業研究事例を紹介する。全国配布された教科書を授業でよりよく活用すべく日本の授業研究手法を取り入れ、わずか3年のプロジェクト実施期間内で授業研究を全国へ普及させた。これはニカラグア教育省が現職教員研修システムとして授業研究を制度化したことが大きい。教育政策の中にプロジェクト成果を取り込み制度化するために果たした日本人専門家の奮闘ぶりを中心に記述した。

最終章の第5章では、2015年から始まった第2回中米広域プロジェクトをご紹介する。2006年の第1回広域プロジェクトでは、小学校算数を中心として活動を実施したが、第2回は中等数学教育を中心として活動を実施している。

なお本書は、算数・数学分野での教育協力について記載しているため、算数・数学教育内容にも踏み込んだ記述をしている。そうしなければ、

なぜそのような活動を実施したのか、どのような苦悩があったのか、ご理解が得られないと考えたからである。教育内容については「NOTE」として別記したので、興味のある方は参照されたい。また、2000年以前の活動の写真は、散逸していることや当時活動していた方々と連絡が途絶えているため、写真使用の許可を取ることが難しく、掲載できた写真資料が少なくなってしまったことをお断りしておく。

　本書を通して、少しでも読者の皆様に、途上国で奮闘する日本人の教育協力に関する具体的イメージを持っていただけたら幸甚である。

　それでは、1987年ホンジュラスでのお話から始めたいと思う。

本書の流れ：中米での30年に及ぶ算数・数学協力の歴史

1987				■…青年海外協力隊事業
1988				□…技術協力プロジェクト
1989				
1990	第1章 ホンジュラス：協力隊員の活動を追うことを通して算数協力の創成期を見ていきます。			
1991				
1992				
1993				
1994				
1995				
1996				
1997				
1998		第2章 ホンジュラス：協力隊員の長年の活動をベースとした技術協力プロジェクトを概観します。小学校算数教科書が全国配布されました。		
1999				
2000				
2001				
2002				
2003				第4章 グアテマラ：協力隊員が苦労して教科書開発をし、全国配布まで成し遂げました。
2004				
2005			第4章 エルサルバドル：広域協力ならではの教科書開発活動を概観します。	
2006				
2007			第3章 第1回広域協力：中米カリブ5カ国で小学校算数教科書開発を中心とした広域協力を概観します。	
2008				
2009				
2010				
2011				
2012				第4章 ニカラグア：授業研究を通して教科書の使い方を普及しました。
2013				
2014				
2015					第5章 第2回広域協力：学力向上を目指して開始されました。
2016				

現在実施中

序章

		筆者
中米への協力隊派遣	1987	ホンジュラス協力隊
⇩…JICAプロジェクトまたは専門家派遣などの協力活動	1988	
⬇…教科書全国配布	1989	
	1990	
	1991	
	1992	新潟県で小学校教諭
	1993	
	1994	
	1995	
	1996	
	1997	大学院
	1998	
	1999	在ホンジュラス大使館専門調査員
	2000	
ホンジュラス	2001	
	2002	
	2003	
	2004	
第1回広域プロジェクト	2005	JICA専門家（ホンジュラス）
グアテマラ	2006	
エルサルバドル	2007	
ニカラグア	2008	
	2009	
	2010	
	2011	
	2012	JICA国際協力専門員（日本）
	2013	
	2014	
第2回広域プロジェクト	2015	
	2016	JICA専門家（エルサルバドル）

【コラム】中米はどんなところ？

　皆さんは中米と聞くと何を連想するだろうか？「アメリカと南米を結んでいる細いところ」「確かパナマ運河があるところ」「中米？中南米っていうんじゃないの（中米と南米を合わせて中南米ということもありますね）」「え〜あんな細いところに国が6カ国もあるの？」「確かあぶないところだよね」「メキシコがあるところだよね（いいえ、違います。メキシコは北米です）」などなど。

　要は日本人にはあまりなじみのない地域なのである。世界地図をよく見ると「アメリカ大陸のくびれた部分」は、北米に属するメキシコの南に位置するグアテマラからパナマまで実に六つの小さな国がひしめき合っていることがわかる。一番大きな国がグアテマラで東京都の人口より若干多く1,500万人くらい。その南に位置するホンジュラス、エルサルバドル、ニカラグアはその半分の6〜800万人くらい、コスタリカ、パナマは500万人を切る。そして、カリブ海に面したベリーズという国は日本の一つの市ほどの人口しかない（おまけにベリーズだけ英語を話す）。中米全体6カ国を合わせても約5,000万人しか住んでいない。グアテマラ・エルサルバドル・パナマの南に位置するコロンビアは一国で約5,000万人の人口であるから、いかにその人口規模が小さいかがご想像いただけるであろう。

　言語はスペイン語。グアテマラを中心に少数言語も存在するが、スペイン語だけでまったく不自由しない。アフリカなどで見られるような「生活は現地語で、学校では英語を使う」という二重言語ではない。ただし、これだけ小さな国の集合体である中米であるが、国ごとまたは国の中でも地域ごとに微妙に言葉が異なっているのは面白い。これは日本の方言と同じであろうか。こちらで暮らしてみると、その微妙な言葉の違いがその国の特徴を表しており、中米各国の人たちが集まれば「ホンジュラスでは〜のことを…というけど」「ほんと!?へえ、エルサルでは…」という風に、ひとしきり「言葉の違い談義」に花を咲かせることとなる。また話し方も国や地域で異なっており、話し方だけで「この方は〜国出身かな？」となんとなくわかってしまう。

またこの地域では日本人と似ている顔の人たちも住んでおり「ご先祖様は同じかも」と思わせられることもある。感覚が若干センチメンタルなところなどは、日本人に感覚が近いからかもしれない（これは筆者の個人的感想）。

　政治的には80年代の冷戦時、内戦に翻弄された地域でもある。長い内戦に苦しみ、現在でも内戦経験者の方々がたくさん住んでいる地域でもある。ニカラグアでは左派政権が成立し、エルサルバドルでも内戦が長期化する中、1980年代米国はホンジュラスを「共産圏の北上を防ぐ最前線」と位置づけ、莫大な額の支援を実施した。1990年ニカラグア大統領選挙で選ばれたビオレッタ・チャモロ大統領以降、中米地域は内戦、冷戦の混乱から和平と復興の実現、さらに、経済発展への道を目指し始めた。現在では、経済規模は小さいながらも中米共同市場により自由貿易圏を域内で確立する努力をしている。しかし、各国の貿易赤字は深刻であり、海外の出稼ぎ労働者からの送金が外貨獲得額の上位を占める国がほとんどである。貧困からの脱却を目指し、米国へ不法に越境を試みる人々も後を絶たず、米国から強制退去処分になる者も多い。中米地域は、南米から米国への麻薬密売の中継地点となっているため、麻薬関連の犯罪も見られる。治安も良いとは言えない。

　日本では中米の知名度はそれほど高いわけではないが、日本との関係はそれほど浅いわけではない。2015年は日本と中米地域の国々が外交関係を結んでから80周年の年であった。実は中米は非常に親日的な人々が住んでいる地域でもある。そして我々日本人を「勤勉な人たち」「優秀な人たち」というイメージで、一種憧れをもって見ている人たちがたくさんいる。

　サッカーではホンジュラス代表が来日し日本代表と数回親善試合をしているので、なじみのある方もいらっしゃるだろう。同じくホンジュラスでは、イタリアの人気サッカーチームのインテルでフォワードとして活躍した選手も輩出している。古代文明が好きな方には、マヤ文明のあったところと言えば「ああ、あそこね」というだろう。グアテマラのティ

カル遺跡、ホンジュラスのコパン遺跡は特に有名である。グアテマラはノーベル文学賞、ノーベル平和賞受賞者を輩出している。

　中米には人々のエネルギーが満ち溢れている。朝は暗いうちから働き始める。エルサルバドルは「中米の日本」と言われることもあるほど、勤勉な国民性を持っている。休日は家族や友だちと共にバーベキューを囲んで、陽気な音楽と共に歓談することが大好きである。日本と比べると治安は決して良いとは言えないが、親日的な人たちが多い地域、それが中米である。

第1章

すべては協力隊から始まった

1. 算数教育協力が生まれるまで
(1)巡回先の小学校で16㎜映画を上映

　窓から吹き込む熱風と、熱帯の太陽にさらされたアスベストの屋根越しに下りてくる熱で、教室の中は蒸し返っている。一所懸命声を張り上げ説明する教師と、それを聞いている子どもの顔が汗でびっしょり濡れている。気温は既に40度を超えていた。教室の中から外を見ると、乾いた地面からの照りかえしが目にまぶしい…。

　私は新潟県で小学校教員として4年間勤務したあと、1987年9月、念願かなって青年海外協力隊として中米ホンジュラスに派遣され、南部の太平洋に面するチョルテカ県というところで活動を開始した。チョルテカというところはホンジュラス国内でも暑いことで有名な土地であった。暑さとの戦いが、協力隊時代の大きなチャレンジの一つだったように思う。人生で初めて、外気が人間の体温より高いという体験をした。車に乗るときは窓を閉めておいた方が過ごしやすく、日中の外気が部屋に侵入しないように窓を閉めてから仕事に行くという生活であった。毎日朝起きると真っ青な空を見上げ、「今日も暑くなるな」と恨めしく思った。

　私が赴任した1987年は、チョルテカ県とバジェ県にまたがって「総合農村開発計画（モディカプロジェクト）」というJICAのプロジェクトがちょうど開始されたころであった。灌漑設備の充実を図り、農業指導を通して貧困農家の生産性を向上させ、農家の生活水準を改善させることが目的であった。この農業プロジェクトの中に教育のコンポーネントがあった。教育は、短期的には生産性の向上に直接かかわりがないように見える。しかし、該当地区の持続的な生活改善のためには、子どもたちの教育水準を上げ、将来の優秀な農業の担い手を育てなければならない。そうした展望を持って、子どもたちへの教育を農業プロジェクトの中に取り込んでいた。

　小学校教諭である私に与えられた主な活動は、「プロジェクト対象4地区の小学校の教育改善」であり、活動内容は「対象地区小学校を同プ

ロジェクトに配置されたホンジュラス教員（リカルド・ソリアーノ先生）と一緒に巡回指導する」というものであった。ホンジュラスから提出された協力隊派遣の要請書には「プロジェクトにはJICAより教材を搭載したワゴン車が供与されている。本車両に搭載されている、それらの教材を使って質の高い教育を提供すること」と記されていた。

日中は40度を超える暑さにもかかわらず、下宿先に水道水をためるタンクがなかったことから、水不足は深刻であった。現在のようにペットボトル入りの飲料水が手軽に手に入らなかった時代だったので、水の代わりにコーラなどのジュースで水分を補給していた。仕事から帰っても下宿先に水がないため、バケツをもって近所に水をもらいに行き、水浴びと洗濯をする生活が続いた。当時のチョルテカの水不足は深刻で、下宿先でも一つの水溜で料理、洗濯、トイレまですべてをまかなう必要があった。清潔とはいいがたい食器類を使わざるを得なかったため、慢性的に下痢症状が続いた。アメーバ赤痢にも3度かかることとなる。[1]

プロジェクトにはワゴン車が供与されていた。現地の状況を知るために、カウンターパート[2]のリカルドと毎日四つの地区の学校を回った。はじめのうちは学校で話されているスペイン語がさっぱりわからず、私はリカルドについて回っていただけでまったく戦力とならなかった。

リカルドは、ワゴン車に積んである人体模型や地球儀などを見せながら学校で授業をしていたが、しばらくすると搭載されている教材をすべて使ってしまい、新たな活動を模索しなければならなくなっていた。私の下手くそなスペイン語でリカルドと話し合い、まずは我々が巡回指導していた小学校の先生に、「何に困っているのか」「我々に何を期待しているのか」を訪ね歩くこととした。すると、学校で使えるお金がないため、教師は教材を

---

1) 赤痢アメーバを病原体とする大腸炎。粘血便、下痢、腹痛などの赤痢症状。途上国では飲食物の衛生状態が悪いため感染することが多い。
2) JICAの技術協力プロジェクトなどにおいて技術移転の対象となる相手国行政官や技術者をカウンターパートと呼んでいる。

作成するための画用紙やマジック、チョークまで自費で購入していることがわかってきた。当時のホンジュラスでは、学校に対する公的な予算措置が取られていなかったのである。

　我々は、学校の教材購入に協力できることはないかを話し合った。ちょうどプロジェクトの巡回指導用ワゴン車の中には16㎜映写機が搭載されていたため、16㎜映画を学校で上映し入場料を徴収してはどうか、という話となった。その際、家庭に負担をかけない程度の入場料を徴収して学校の教材費に充てる、というアイデアを訪問先の学校の先生方に提案した。巡回指導先の小学校には電気がないところが多く、映画を見たことのない子どもが多かったこと、また学校の教材費などが手に入ることから、小学校の先生はこのアイデアに大賛成した。ところが、実施する段になって、上映する映画がないことに気がついた。そこで、首都テグシガルパの教育本省に出張する度に日本大使館に立ち寄り、子ども向けの映画や文化紹介の16㎜フィルムを借り出し、チョルテカに持って帰って上映した。また、チョルテカ市内の唯一の映画館で商業用の16㎜映画も無料で貸し出してもらえることとなり、普段映画館に足を運んだことのない地域の人たちのための映画も上映した。気温が40度を超える中、窓や戸を閉め切り、真っ暗な蒸し返るような教室の中での映写会であったが、大盛況であった。入場料も集まり、学校の教材購入などに充てられた。1988年度中、61回の上映で累計6,467人が映画を観賞することができた。

　我々は一応の成果に満足していた。しかし、リカルドも私も次第にこの活動に対して懐疑的になっていった。プロジェクトが終了すればもうこの活動は継続できない。所詮我々のやっていることは一過性のものにすぎないのではないか、本当に子どもたちのためになっているのかという思いが募り、次第に巡回映画上映に限界を感じだしたのである。

　また、活動の中で授業を参観する機会が増えるにつけ（スペイン語もある程度わかるようになって）、授業の問題点も見えてきた。当時は先生方

の学習内容の取扱い方が荒く断片的に扱っているように見え、そのため、子どもたちの基礎的な学力が不足しているように感じられた。また先生ばかりが頑張って説明する授業が多く、子どもたちが自分から学習する機会が少ないことも気になった。映画鑑賞もよいが、子どもたちに本当にためになることは、彼らの学力を高めてあげること、そのために私ができるのは授業の質の改善ではないか、という漠然とした問題意識が生まれ始めたのである。ただ、漠然と「授業改善をする」という目標は持てたものの、どうすれば改善できるのか、その方法に関しては答えは出ていなかった。

(2)算数教育に活路を見い出す

このような状況の中で、自分にできることは何かを考えてみた。私はスペイン語が下手である。しかし、可能な限り子どもの学力を上げてあげられるような活動をしてみたい。となると、選択肢は一つしかない。「算数」である。算数であれば、言葉のギャップが少ないのではないか。算数は国語と共に非常に重要な教科であり、留年の原因の一つと教育省も分析している。算数の授業を改善して、子どもたちの算数学力を向上させる活動がしたい…。

このことをリカルドに相談したところ「先生たちに算数教育に関する研修をしたらどうか」と背中を押してくれた。幸いリカルドの父親は、チョルテカ県教育委員会の県指導主事をしている。早速二人で教育委員会に相談に行った。リカルドの父の指導主事は、我々のアイデアに賛同してくれた。

「チョルテカ県教育委員会としては、モディカプロジェクト実施地域の先生だけに研修を行うのではなく、せっかくだからその他の地域も網羅した先生方に広く研修を実施してくれないか」と我々の提案を快く受け入れてくれ、県教育委員会として全面的に協力することを約束してくれた。その結果、チョルテカ県はもとより、プロジェクトがカバーするお隣のバジェ県でも研修会が開かれることとなったのである。

指導主事の話を受け、どのようなテーマで算数の研修をするのか、検

討に入った。モディカプロジェクトの対象地域小学校の授業は何度か参観しており、問題点は既に認識していたつもりであった。当時の私は、「子どもたちの基礎的な能力（特に計算技能の低さ）の不足」と「考える算数になっていない授業内容」が特に気になっていたのである。

　前者については、計算する際に子どもたちが指を使ったり、ノートに該当する数だけ棒を書いたりして足し算や引き算をする「数えたし（ひき）」と言われる手法を使っていたことによるものである。低学年はもとより中学年、高学年の子どもたちも使っており、2桁、3桁の足し算、引き算になると計算にかなりの時間を要し、しかも不正確であった。掛け算九九も覚えていない子どもが多かったため、中学年以降の算数学習内容に関してはかなり苦労していた。

　後者に関して端的にいえば、授業に「なぜ」がないのである。例えば教師が、「異分母同士の足し算は異分母同士を掛けて計算します」と説明する。それからおもむろに $\frac{5}{6}+\frac{3}{8}$ と板書きし、黒板に説明しながら計算を進めていく。その後、教師は子どもたちに「ノートに写してください」と指示し、それを子どもが写すという授業が多かった。$\frac{5}{6}+\frac{3}{8}$ を、通分する場合は共通分母を6×8=48とし、それぞれの分子を5×8=40と3×6=18とする。8の九九を思い出しながら6の九九との公倍数の一番小さな答えを探して、最小公倍数の24としないのである。「異分母同士の場合は、なぜそのまま足し算できないのか？」「なぜ分母をそろえなければ計算できないのか？」など一つ一つの学習内容に意味づけがなされていないことは、日本人の目から見ると不思議であった。私は「意味もわからず学習するので、使いこなせないんだな」と一人で納得していたものである。

　算数学習内容自体にも日本人の目から見ると不思議なことがあった。もっと大きな数が分母となった場合は、計算はさらに複雑になる。例えば、$\frac{15}{37}\times\frac{13}{23}$ というような、日本人の目から見ると"無駄に複雑な計算"も普通に授業で取り上げられる。または $\frac{4}{6}\times\frac{8}{12}$ のような約分可能な分数や、分母の最小公

倍数が一方の場合（この場合は6×2=12）でも、6×12=72としてしまう。

なぜこうなるのか。スペイン語では、日本の「通分」にあたる算数用語が存在しないことも関係しているのかもしれない。

チョルテカ市内の小学校の教師を対象にした算数指導法に関する研修風景。左側に立っているのが当時のカウンターパートであったリカルド・ソリアーノ氏。何もわからず赴任した自分にスペイン語はもとより親身になって相談に乗ってくれた。ビリヤードの達人でもある。

この状況を打破するため、まずは研修で分数を中心に取り上げようと考えた。上の例で言えば、前記のような「通分はなぜ必要か？」や「なぜ分数同士の割り算の場合、割る数の逆数でかけるのか？」など、日本では教員採用試験で問われるような問題を中心に研修計画を立て、リカルドにスペイン語部分を助けてもらいながら研修教材を用意したのである。

1988年2月1日〜5日、我々はバジェ県ナカオメ市で23名、2月8日〜12日チョルテカ県チョルテカ市で31名の教員に対して研修を実施した。しかしこの研修は、見事に失敗したといってよい。その理由は、私の問題意識がホンジュラスの教員の問題意識と整合していなかったことにある。教員にしてみれば「なぜ計算のやり方に理由づけする必要があるのか？」がわからなかったし、それを「なぜ説明する必要があるのか？」、さらに「6と8の最小公倍数は掛け算九九の応用で24ということは理解するものの、なぜ48では望ましくないのか？」「すぐに両分母を掛けるとした方がやり方を教えるうえで簡潔でよりわかりやすいのではないか」と。

第1章　すべては協力隊から始まった

| NOTE | 「通分」が日本と違う？ |

$\frac{5}{6}+\frac{3}{8}$ の場合、二つの異なる分母同士を同じ数にすることを通分と言うが、日本では6と8の最小公倍数を共通分母とするため、九九を使って24とする。しかし、途上国の中では最小公倍数を求めることをせずに、「異なる分母同士をかけます」と教えることがある。この場合は6×8で48となる。例えば、2と8の場合は16、11と22の場合は242となるが、日本的に考えると「余計な計算」をすることになる。また、「通分」という言葉は存在せず、「異分母同志を共通にする」と文で表さなければいけない。

このような教員側の素朴な問いに対し、十分相手側が納得できる答えを提示できなかったのである。もちろんこの失敗は、自分の算数教育とスペイン語の勉強不足に起因することは論を待たない。今思い返してみると、もっと深い根本的な問題として「ホンジュラスの算数教育目標が異なることから起こる現象」であることがわかってきたが、当時の私は「先生方は算数の学習内容理解が足りないから『なぜ』が足りないんだ」という結論を導き出していたように思う。例えば前述の「異分母同士の足し算・引き算」に対してのホンジュラスでの学習目標は「計算ができるようになる」であるため、教科書や授業が「そのやり方」を教えることを中心に組織されてしまう。「〜できるようになる」をそのまま解釈するために、方法だけを教えてしまうのであろう。

初めての研修での失敗の原因は、彼らにとって算数・数学は、公式ややり方を覚えて問題を解くものであったところに、「なぜ」を考えてもらう日本の算数教育をそのまま導入しようとしたことにあったようだ。なぜならホンジュラスの先生方にとっては、算数は「なぜ」を考えさせるものではなく、解き方の方法を教えるものだったからである。研修の目的を参加の先生と確認する時間をもう少し取るべきであった。

ホンジュラスでは教師が計算の仕方を教えていたため、子どもができなくても教師はその理由がわからなかった。ゆえにつまずいた子どもを前にしても「このとおりにやればよいでしょう」というしかなかった。「できないのは子どもがわるい」というロジックに陥りがちに見えた。当時隊員であった私は、この問題を以下のように考えた。

　どのような教育観があろうとも、教師は子どもにわかりやすいように教えることができなければ意味がない。よって、もっと基本に立ち返り1年生の学習内容から「なぜ」を大切にした授業ができるような教師を育成することが大切だ。「数とは何か」「数えるということはどういうことか」「足すとはどのようなことか」。子どもがつまずいた時にその理由を考え、説明できる教師を育成することにつながるのではないかと。

(3) なぜを大切にした算数

　この失敗経験を生かすため、研修テーマを「なぜを大切にした基礎・基本」に設定しなおし、研修後早々に研修教材をリカルドと共に開発し直した。研修教材を分冊とし、第1部を「数と計算──加減を中心として──」「掛け算九九」「形成的評価」とし、第2部を「計算の決まり」「分数・小数」とした。新研修教材で1998年3月8日から研修を開始した。モディカプロジェクトの対象地域であるチョルテカ・バジェ県を対象として、7地区で各10時間の研修を第1部研修教材内容で実施した。終了したのが6月25日であった。

　チョルテカ・バジェの両県で研修を実施中の6月初旬、ホンジュラス教育省協力隊調整室[3]からモディカ対象県以外でも同様の研修をして欲しい、との要請があった。その目的は、同年11月に予定されていた国家教

---

[3] 当時ホンジュラス教育省は、協力隊活動の教育省窓口として「協力隊調整室」という部署を設置してその調整にあたっていた。その調整室は、教育省本省から徒歩2分ほどの貸しビルの2階にあった。

育研究研修所（INICE）の現職教員研修の試行実施にあった。

　当時INICEは、日本のODAにより建設されたばかりのホンジュラスの現職教員研修施設であった。教育省初等教育局と協力隊調整室と一緒に、1988年11月、全国18県あるうちの一つの県に絞って、全小学校教員を対象にした研修を計画していた。私が実施する研修を、現職教員研修システム確立のための試行として位置づけていたわけである。そのために教育省はコマヤグア県、オコテペケ県、コパン県、ヨロ県、コロン県、オランチョ県と計6県を、その候補県としてリストアップしていた。教育省側としては、今回の6県の研修実施には三つの目的を持たせていた。一つ目は候補6県と市町村教育委員会の研修実施能力を確認したかったこと、二つ目はINICEが現職教員研修計画を立案するうえで地方のニーズを確認するためのアンケートを実施したかったこと、そして最後に11月に全県対象に実施予定のINICE研修の試行をしておきたかったことである。そしてこれは憶測の域を出ないが、教育省側は私が実施していた研修内容の妥当性を確認したかったように思える。

　6県での研修は6月27日から2週間行われた。リカルドと私はモディカプロジェクトのワゴン車で、教育省協力隊調整室室長ホアン・チャン氏と数学が専門のオラシオ・ピネダ氏は教育省の車で移動した。6県を連日移動する中で悪路のためタイヤのねじが取れてしまったこともある。運転中リカルドが異音に気づいてタイヤを交換しなければ危うく大事故につながるようなこともあった。またホテルも予約せず移動を重ねていたため、遅くなって目的地に着いてからのホテル探しは難航した。夜になってもホテルが見つからず、やっと見つかったホテルの一部屋で全員雑魚寝というときもあった。

　もちろん、楽しい思い出もある。みんなでホテルにチェックインしたあと、夕食を食べに町に繰り出し、当時唯一の娯楽であったビリヤードを一緒にやった。私はド素人であったが、ホンジュラス人のプロ級の技を堪能することができた。この出張中、これから協力隊の算数プロジェクトを引っ張る原

動力となったホアン・チャン氏や調整室メンバーと、教育をはじめとしたさまざまなことを話せたのは大きな収穫の一つであった。特に、首都テグシガルパに配属がえになったあとホアン・チャン氏の家で何回もごちそうになりながら教育についていろいろ話すことができたことは、その後の業務のベースとなっていると思う。

　チョルテカに帰ってからは、研修教材の第2部を完成させ、7月25日から第2部の研修をチョルテカ市で3グループに分けて実施した。第2部研修教材は30時間扱いとした。当時の報告書には、第1グループと第2グループに対して実施したテスト結果が残っている。テスト集計は単純であるが、ある程度当時の教員の算数教科理解の傾向がわかる。例えば、$\frac{2}{3} \div \frac{1}{4}$ 研修開始前では13名中5名が正解。研修後は全員が正解。しかし、$1\frac{1}{4} \div \frac{2}{3}$ では、事前テストでは13名中1名の正解が、事後テストでは8名の正確、などなど。

　しかし、「0.75を分数で表せ」や「$\frac{5}{8}$を小数で表せ」など研修で扱っても難しい内容もあった。参加していた教員の中には教職に就く前の新規教員養成課程で、すべての小学校算数教科内容を学習してこなかった教師がいるのではないかとも思われた。時間をかけて学習し直したにもかかわらず、現職の教員に対する研修で扱っても、新規教員養成課程時にしっかりと学習していなければ、算数学習内容の理解を深めることはそれほど簡単なことではない。研修で「なぜ」を重視しようと試みても、参加者の中にはこのような考え方に慣れておらず、かえって混乱を招く場合もあったことも付け加えておきたい。もちろん当方が研修講師として実施した研修であるので、講師としての当方の研修教材や研修実施手法の質も問題があったのだと思う。

2. 協力隊が算数科に協力を特化
(1) INICEの現職教員研修のアイデア

　6県の試行的研修を終了した1988年8月、我々はホンジュラス教育省協

力隊調整室でその後の戦略を練った。その結果、調整室はヨロ県で全小学校教員への算数教育にかかる「カスケード研修」[4]を計画し、当時のエリサ・バジェ教育大臣に対してその企画書を提出することとなった。この企画書に当時のホンジュラス教育省調整室の考え方がよく示されているので、要点だけ抜粋しておきたい。

- 指導、学習過程に大きな悪影響を及ぼしている原因の一つが、教員の算数学習内容理解の不足である。
- 研修内容は国語と算数に絞って実施すべきである。なぜなら、これらの教科は他教科の基礎となっているからである。
- ヨロ県を3地方に分け、さらにそれぞれの地方を4地区に分け、県全体で12地区を県と地区の教育委員会が調整する。12地区をカバーするために7回の研修を実施（1回の研修で20名を育成）し、県全体で140名の県研修講師を育成する。
- 研修内容は算数科「数と計算」領域を中心とする。
- 研修講師は青年海外協力隊員を想定。

ホンジュラス首都テグシガルパ市国立教員研究実践研究所（INICE）。1988年日本の無償資金協力により建設された。1989年以降の協力隊員の活動の拠点となる。現在もJICA技術協力プロジェクトで活用されている。

---

4) 初めに研修を受けた人が次のグループに研修し、そこで研修を受けた人がまた次のグループに研修をする、というように次々に研修を実施することによって最終的に多くの人が研修を受けることができるようにする研修方式。カスケードとは「滝」のことであり、上から下に流れるように研修が実施されることから、このように言われることがある。

この計画の目的の一つは、INICEの現職教員研修システム構築の可能性ををヨロ県に見い出し、同県を試行県と位置づけて実施することにあった。しかし、協力隊員を講師とするという考え方の中に、『ホンジュラス人が自立発展的に算数教育の質の向上を支えていく必要がある』という発想は、まだ見い出せていなかった。あくまでも協力隊を講師として使いながら、教師の授業を改善していこうという意識のほうが高かった。当時は、INICEにも教科教育を専門とする技官がいなかったことも一因である。当時の私は、前述のような問題があるにもかかわらず、教育省側から与えられた宿題に気をよくして、チョルテカでリカルドと共に研修教材の見直しを始めたのである。

　しかし、同企画書は提出されたものの大臣承認が遅れたため、調整室がヨロ県側に連絡を取った時には、既に企画書内で計画されていた期日が経過していた。ヨロ県側は、各教育委員会や関係学校との調整が難しい状況ことを理由に、本企画書案実施を断ってきた。よって、教育省調整室側は同計画を断念せざるを得なかったのである。

(2)ホンジュラス教育省から協力隊活動への予期せぬ問いかけ

　ヨロ県での大規模な現職教員計画の実施見込みがつかないことがはっきりした1988年秋のことである。私は、当時教育省協力隊調整室長だったホアン・チャン氏と、1989年度の活動計画について協議するため、任地のチョルテカからテグシガルパに出張した。その際、彼から以下のように問いかけられたのである。

　「これまでJICAから教育省にたくさんの教育隊員が派遣されてきた。理科、数学、音楽、図工、家政、技術…。そして、我々は協力隊員の活動をサポートするために、各地の教育委員会との研修会の調整、協力隊員の移動車両の手配をやってきた。協力隊のこれまでの活動には非常に感謝している。しかし、これまでの活動の成果は何か、と問われたらはっ

きりと答えることはできない。協力隊員の皆さんがそれぞれ努力してくれたのはわかっている。しかし、それでホンジュラスの教育はよくなったのであろうか。我々（調整室）の活動をどのように評価すればよいのだろうか」

　予期せぬ問いかけに対して、当時の私は明確な返答ができなかったのを覚えている。自分が1987年に派遣される前から、青年海外協力隊の教育隊員は派遣されていた。その多くは中学校教師であり、その活動の多くは、隊員が各地に出かけて短期間の研修を施すというものであった。ある者は学校配属を希望し、またある者は折り紙教室や縦笛などを教える国際交流活動を希望した。教育省協力隊調整室では、協力隊員がやりたい活動をサポートすることが原則となっており、ホアン・チャン氏を初めとしたメンバーが、各地の教育委員会との連絡や各種レターの発出、車の手配などを実施していた。それぞれの隊員は積極的に活動に取り組んでいた。これらの活動は、よくいえばホンジュラス側の多種の要望に応えてバラエティーに富んだものであったといえるが、ホンジュラス側少なくともホアン・チャン氏から見ると、バラバラな活動に見えたかもしれない。ホアン・チャン氏としては「（協力隊の活動を）どのように評価すればよいのかわからない」というのが正直な思いだったのであろう。

　彼の問いかけに対して、はっきりとした答えを持たなかった私は、直接その問いには答えずに以下のようなことを言った。
- 小学校算数科授業では「なぜ」がないため子どもの理解が進まないこと。
- 小学校現場での先生方の算数学習内容の理解が十分ではないこと。
- 子どもたちの算数科の学力が低いこと。
- 日本人はスペイン語がうまく話せないが、算数であれば、言葉の壁はそれほど教育効果を低下させないだろうこと。
- ゆえに、小学校算数に絞って活動を展開したほうがよいこと。

　ホアン・チャン氏の質問への回答になっていないにもかかわらず、彼は即答した。

「では、来年のお前の活動は算数に特化して計画を立ててもらおう。その計画を見ながらまた話そうじゃあないか。お前が言い出しっぺなんだから、是非自分の言ったことをやってもらいたい。任地をチョルテカからテグシガルパに変更し、直接俺たちと活動しよう。任期も1989年7月までだと（1989年1月から）1年間を通して活動できないので、1年延長してもらえないか。1989年は1月から12月まで、1年丸々お前の計画でやってみようじゃあないか」

　私は、新潟県の小学校教諭を職専免⁵⁾という制度を使って青年海外協力隊に現職参加していた。これは初めてのケースであり、任期延長できるかどうかわからなかった。でもやってみたい気持ちが強かったので、「それならば新潟県教育委員会にホンジュラス教育省として、正式に任期延長のレターを書いてくれ」と教育省側に申し入れた。その結果、現職の教員の身分を保持して協力隊に参加していた身でありながらも、新潟県教育委員会は1年の延長を認めてくれたのである。

　チョルテカに帰ってから、私は自分なりに計画書を作成した。その後ホアン・チャン氏に見せた活動計画の概要は以下のとおりである。

①算数教育の系統的な研修を通して、教員の算数学力の向上につなげる。

　教員が算数科の学習内容を取得するためには、彼らの苦手意識を持ったところだけ研修しても授業で使えるものとならない。なぜならば、算数科学習内容同士がつながっており、系統的に学ばないと他の内容と有機的につながった理解とならないからである（チョルテカでの経験から得た教訓）。

②ホンジュラス人のリーダー教員を育成し、将来的にはホンジュラス人が算数教育の改善に取り組む。

---

5) 一定期間職を免ずる制度のこと。当時の新潟県では青年海外協力隊への参加が初めてのケースであったため、現職の教員が大学院などで学ぶときに適応されていた同制度を適応した。

ホンジュラスの指導主事は、日本のように教科内容に関する指導をする活動を実施していない。よって現職の教員の中から優秀な教員を選抜して、教員同士が学びあえるようにする。1年を通した研修を実施することにより、参加者の中から能力・やる気のある教員を見つけ出し、将来の算数教育リーダー教員候補にする。1990年から選抜したリーダー教員に研修を行う中で、彼らの能力を引出し伸ばす。また、彼らの研修を受けた教員の能力が伸びるという活動をやっていく。

ホアン・チャン氏はおおむね同意し、以下のように計画が具体化した。

i) 目的は、こちらの提案どおり。

ii) 対象

曜日	対象県	対象市町村学区
月	フランシスコモラサン県	バジェ・デ・アンヘレス町
火	フランシスコモラサン県	テグシガルパ市　第5学区
水	フランシスコモラサン県	タランガ町
木	フランシスコモラサン県	テグシガルパ市　第1学区
金	ラパス県	ラパス市

テグシガルパ市第1学区と第5学区とその周辺市町村（バジェ・デ・アンヘレス、タランガ以上フランシスコモラサン県、ラパス県ラパス市）の計5会場選定。各会場受講者30名を目途に、各地区の学校代表教員を指導主事、校長が選抜。

iii) 月曜日から金曜日まで、曜日ごとに各会場で研修を実施。期間は1年間。各代表教員が研修内容を各学校に持ち帰り、他教員に校内研修で広めることを期待する。

iv) 研修内容は、算数科「数と計算」領域を中心として計8テーマとし、研修教材を再改訂。ホンジュラスの算数科の問題である「指を使って数えながら計算する子ども」からの脱却のため、1年生の数概念の導入から「整数の四則演算」をカバーする。授業で研修内容を活用できるよう、教師の学習内容理解の深化と指導法の両者をカバーできるように参加型で実施する。

第1章　自然数
第2章　十進法
第3章　加法
第4章　減法
第5章　乗法
第6章　除法
第7章　計算の仕方
第8章　分数

（小数に関しては、時間の関係で実施できなかった）

　この時、私の頭の中には、自分が計画している研修内容はホンジュラスの算数授業における指導法および子どもたちの学習到達度を改善することに資する、という強い思いがあった。協力隊の活動を体系化することによって、後任がゼロから活動を計画せずに前任の仕事の上に積み重ねていける仕組みを考えていたように思う。赴任する各隊員が一人一人ゼロから積み上げるだけで、その隊員が帰国すればまたゼロになることを繰り返してはならない。それでは、ホアン・チャン氏の「何がよくなったのか？」の問いに答えることはできないからだ。協力隊員が赴任するたび、スペイン語を覚えてから研修をするのではあまり効率が良くない。また、いつまでも日本人に頼ることにつながるためホンジュラス人の自立を促すことはできないし、協力隊をずっと送り続けねばならない。それは不可能であろう。ここではホンジュラス人のリーダーを育成し、将来的には彼らの手で算数教育を改善する自律的な道を歩んで欲しい、と。

(3) 5会場での週1回の研修

　1988年末、チョルテカを離れ首都テグシガルパに引っ越した。チョルテカで毎日活動を共にし、ビリアードも教えてくれたリカルドとも別れ、教材開発のパートナーは協力隊調整室に勤務していた算数・数学担当オラシオ・

ピネダ氏となった。1989年の初めまで、1年間を通した研修デザインと研修教材の開発であわただしく時が過ぎていった。当時は、現在のようにパソコンがなかったため、教材開発は私が手書きで原案を書き、オラシオ氏に提出し、彼の意見を聞いて書き直し、さらに話し合い…この作業の繰り返しであった。ある程度原稿がたまると、調整室の女性秘書の二人に渡してタイプを打ってもらう。当時はワープロがやっと出始めた時であり、隊員がワープロや出始めたばかりのパソコンを持っている時代ではなかった。彼女らは私の悪筆手書き原稿を見ながら、「これ読めないけど、なんていう字？」と聞きながらタイプを打ってくれた。当時は活動のための煩雑な手続きもあったし、（タイプで打つため）教材の仕上がりも決して今のようにきれいなものでなかった。しかし、調整室が一体となって協力しながら、教材開発しているという連帯感はあった。

ラパス市での教員研修受講の先生方と。ラパス市はテグシガルパから車で1時間程度に位置する中核都市。

さて、研修が始まると毎日が忙しくなった。月曜日はバジェ・デ・アンヘレス地区、火曜日はテグシガルパ市第5学区、水曜日はタランガ…と月曜日から金曜日まで毎日研修が入っているため、絶対に病気になれないという緊張感を持って毎日過ごしていたことを思い出す。当時のホンジュラスは非常に治安もよかったため、教育省が移動の車を出せなくなると、ヒッチハ

イクや乗り合いバスを使って研修会場を往復した。当時は携帯電話が普及する前であったため、当日教育省の車が出せないことがわかった場合は、研修参加の先生方に連絡の取りようがなかった。また多くの研修会場に固定電話がなく「(教育省の車がでないので到着が)少し遅れます」と現地に連絡することもできなかった。研修受講生側も心得たもので、私の到着が遅れても気長に待っていてくれた。おおらかな時代であった。

研修会が進むにつれて、調整室メンバー、特にホアン・チャン氏と一緒に活動することが多くなった。彼は研修参観するよりも、研修現場で指導主事や参加教員と話していることが多く、さまざまな情報を収集していたようである。

同年10月に施行研修の終了後、ホアン・チャンと共に作成した教育省への報告書で以下の提言をした。

①本研修後、受講教員が授業で活用するかどうかをモニタリングし、難しい場合はフォローする必要がある。

②各会場から優秀な2～3名の教員を選出し、同地域内での普及を目指す必要がある。

③時間不足で実施できなかった小数に関して、次年度に1回追加研修を実施して補う必要がある。

④研修で扱われたテーマに関しては、研修教材として残す必要がある。

⑤「ホンジュラス算数・数学教育委員会[6]」に本研修経験を共有して、効果的な共同体制を構築する必要がある。

当時の研修内容について問われれば、胸を張って「妥当であった」とは言えない。なぜならば、各学習内容の目標がホンジュラス国内で認識されているそれと違っていたのではないか、と思われるからである。例えば、前述のように計算一つとっても日本では意味を大切に扱うし、「計算の仕方

---

6) 国立自治大学、国立教育大学などの数学者で結成された委員会でホンジュラス国算数・数学カリキュラム改訂、国定算数教科書(1988年から印刷配布)を編纂を担当。

を子どもたちに考えさせる」ことを重視する。しかしホンジュラスでは、公的なカリキュラムや教科書などには「計算ができる」としか記述されていない。つまりホンジュラスにおける「計算」の解釈が異なることに対し、明示的な対応を研修の中で手当てしていなかったのである。たとえ、「計算の意味理解ができていないから計算の活用ができない」が真実としても、ではそのような認識のないホンジュラス教員に、「でもホンジュラス教育省はそうはいっていないし、それを具体化した教材がないから授業ができない」と言われてしまえば、いくら研修を実施しても最終的に子どもたちの学習改善につながっていかない。

よって結局のところ、「カリキュラムでしっかりと学習目標と内容を規定し、子どもたちの学習効果を促進するための具体的な教材・教科書が開発されて初めて、研修活動が意味を持つのではないか」という考え方に到達せざるを得なかった。そんなこともあって、私は、当時ホンジュラスの算数・数学教育を司っていた「ホンジュラス算数・数学教育委員会」にどうしても接近しておきたかった。1990年は協力隊員最後の年であるため、自分が提言した通り「ホンジュラス算数・数学教育委員会」との共同体制を構築し、ホンジュラス国としての算数・数学教育の発展という共通のゴールに向けた活動を開始したいと考えるようになった。一義的には同委員会とホンジュラス算数教育の実態を共有すること、最終的には子どもの学びにつながるためのよりよい教科書の執筆につなげて欲しいという願いを込めてである。

3. ホンジュラス初の国定教科書

1989年という年は、ホンジュラスに対する協力隊事業で、初等算数科に絞って戦略的な投入を実施し始めた年であったといえる。また同時にホンジュラスにとって初の国定教科書が、全学年全国配布された年でもあった。

当時、ホンジュラスの日本の学習指導要領にあたるカリキュラムは、1960

〜70年代にかけて開発されたものであった。多くの学校はそのカリキュラムを持っておらず、その結果、多くの教員は何に準拠して授業を実施すればよいのかわからなかった。1987年までは、教育省が配布する教科書が存在せず、ホンジュラスやコスタリカの民間出版社が販売していた教科書を教員が個人で購入し、それを参考に授業を実施していた。また購入しなかった教師は、教員養成校で使ったノートなどを参考に授業を実施していた。このような状況であったがゆえに、我々協力隊員が開発した研修用教材内容がある意味"つまみ食い"的であっても、現職教員にとっては「教材がないよりはまし」であり、授業で活用できるという意味で大歓迎された。

1988年より米国の資金援助により、ホンジュラスの有識者の編集による算数教科書『Serie mi Honduras「私のホンジュラスシリーズ」』が配布されるようになり、同年には1〜3年生までを対象に全国に無償配布された。全国に無償配布といっても、配布自体が思うようにいかず教科書を手にできない学校も少なからずあった。教育省は1988年3月、1週間にわたり「国定教科書1年生の使用法」という伝達講習会を全国で開催した。当時チョルテカ市で活動していた私はその講習会に参加した。当時の報告書には、本研修内容が授業実践に直結していなかった不満が記されている。

「〜（前略）〜はっきりとした見通し・仮説の下（もちろん前段階として調査、研究があってであるが）方法論を論じていくべきである。またそれを同時に見える形での評価方法をきちんと定めるべきであろう」

国定教科書の執筆者は、有識者と呼ばれるホンジュラス国立自治大学や国立教員養成大学校（現ホンジュラス教育大学）の数学者たちであった。当時、テグシガルパ市に拠点を移し、教育省協力隊調整室のホアン・チャンと毎日のように一緒に活動していた私は、前記の教科書内容の不満を口にしていた。「将来的には同教科書は改訂されるべきであり、改訂の必要性を同教科書の執筆者に会って説明したい」とホアン・チャンに懇願した。ついに、彼は「ホンジュラス算数・数学教育委員会」の中心人物

と会う機会を設けてくれた。自分は一生懸命現状を説明し、教科書改訂の必要性を訴えたつもりであった。しかし、結果は散々であった。"鼻で笑われる"というのはこのことなんだなあ、とがっかりしたことを今も鮮明に覚えている。しかし、ほとんど無視されるような扱いを受けたことが、まったくこちらの意見を聞いてもらえない理由について考えるよい契機となった。

　当時のホンジュラスには、「数学有識者=数学教育有識者」という社会通念があった。よって算数・数学教科書は「数学者」が執筆するものであった。また教室で直接子どもたちに教えている教員は、どんなに能力が高かろうが「数学者」に対して意見する立場にはなかった。前述のホンジュラス初の国定教科書も「数学者」による執筆であった。「数学者」は一度も学校現場での経験がなく、数学という学問から考えてしまうため、子どもに関する理解が不足していたことは否めない。日本人の目から見ると学習内容の系統性の不足などの問題点が目についてしまう。ホンジュラスには「算数教育」や「数学教育」という専門領域が存在しないためではないのか──。

　1990年6月7日、事態が急に好転する。当時INICEに派遣されていた日本人専門家が前記経験に興味を持ち、INICEに対してホンジュラス算数・数学教育委員会との会合を持って、ホンジュラス国算数・数学教育改善のために協働することを提案してくれたのである。INICE側の思惑は、現職教員研修の計画策定であった。しかし、研修を実施することばかりに目が向いており、なぜ研修を実施する必要があるのか、どのような内容で研修を実施するのかなどの議論が不足していた。算数教育において国として何が問題なのか、教科書執筆をした委員会メンバーと共通理解を得ることによって、INICE側でその問題点を研修内容につなげていこうというねらいであった。

　具体的な算数の学習内容に関して議論したほうがよいという日本人専門家のアドバイスを受けて、第1回目の会議では「分数は$\frac{1}{3}$mなどの測定し

た時の量の大きさとして導入するのか、それとも割合を表す分数で導入するのか？」を議論した。当方からは日本では「（これまで習った数字では表せなかった）端の大きさをを表す数」として導入していること、その後分数同士の加減では実際の量を表す分数の方が都合がよいことなどを紹介した。

　一週間後の6月14日には、その日とり上げる学習テーマを印刷したプリントを用意して話し合いに臨んだ。以前ホアン・チャンに懇願して自分一人で同委員会メンバーと話しあいを持った時には、まったく歯が立たなかったが、今回は私の話に耳を傾けてくれた。INICEが同委員会と話し合いの席を設けていること、日本人専門家と共に話し合いに臨めたことは、ホンジュラスの算数・数学教育を考えるうえで大きな一歩となったと思う。同委員会とは1週間に1回のペースで話し合いを持ち、任期中最後の第6回目の会合まで出席することができた。

　研修講師の選出に関しては、委員会側は大学の数学の教師がやるべきであるとの見解を持っていたが、当方は、算数教育の研修内容を考えるのであれば、実際に授業をしている優秀な教師もメンバーとして参加すべきではないかと主張した。相手方の態度も一定の理解を示すまでに軟化していた。

　また、国定教科書印刷資金を提供した米国国際開発庁（USAID）は、我々の活動に興味を示しプロジェクト視察を実施した。この時、USAIDの教育担当官であったのがマルコ・ツウリオ氏である。彼は、その後JICAの活動に対し何かと支援、協力してくれることとなる。

　この経験が、翌年以降の活動の土台づくり、またあとの算数プロジェクトを策定するうえで重要であったと思う。教員研修だけしていても問題の解決にはならない、教科内容を検討し教材化することが具体的な授業改善のために必要であることが、当時ははっきり意識していなかったがぼんやりとした教訓として私の中に残っていた。

4.1990年ホンジュラス人の手によるホンジュラス人のための研修

　話を元に戻そう。1989年度の5会場での1年を通した研修では、将来の算数教育リーダーとなる優秀な教員を探し出し、ホンジュラス人による研修活動を実現することも重要な目的の一つであったことは前述したとおりである。5会場で約150名程度の教師を対象に研修を実施することによって、今後のリーダー教員候補となる6名を学力、(リーダーとしての)能力、態度の三つの観点から選出した（のちに1名自己都合により不参加）。最終的には、テグシガルパ市から4名、タランガという地区から1名となり、他地区から種々の事情により選出できなかったことは残念であった。

　1990年はいよいよ「ホンジュラス人の手によるホンジュラス人のための研修」を実現する年となった。それも「数学者」ではなく「現場の教員」であるところが重要であった。

　教育省ホアン・チャン氏からの協力隊事業に対する問いかけ「(協力隊派遣により）何がよくなったのか？」に対する自分なりの答えは、90年の自分の活動で示そう、と自分で決めていた。この時、派遣から既に1年半の月日が流れていた。

リーダー教員とともに記念撮影(INICEにて)。

　1989年12月にはテキスト作成、1990年1月には選出されたリーダー教員に対する研修を実施した。テキスト作成時から、1989年に赴任した小学

校教諭隊員2名が参加。両隊員はそれぞれ岩手県、京都府での教員経験が豊富で、しっかりとした意見を持っていた。研修教材内容に関して3名で激しく言い合いになることもあった。これまで一人で考えやってきた活動に対して、疑問を呈してくる場面も多く、独善的な自分の活動内容に関しても反省させられることも多かった。

「ホンジュラス人と共同で執筆する」ことがどれほど難しいかは、算数プロジェクトとなった時に再度痛感させられることとなる。その理由として、89年の研修を通して算数教科観が必ずしも共有されるまでには至らなかったこと、ホンジュラス人の持っている算数科の学習とこれまで教師として教えてきた授業パターンとが、日本人のそれと乖離(かいり)していることなどが挙げられる。残念ながら、この課題は完全に解消されないまま90年以降の活動に引き継がれていくこととなる。

5. 協力隊による算数プロジェクト誕生秘話

1990年7月、私は3年間の隊員の任期を終了し帰国した。その後、木村栄一隊員を中心に、算数に焦点化した複数隊員の隊員活動が活発化していくこととなる。

(1)1990年協力隊のプロジェクトとしての萌芽

1990年には、1989年に開いた講習会の中から優秀な教員を6名選出し、テグシガルパ市の対象5校に対する定期的な訪問による授業観察を通した指導助言を中心に、2月に各勤務校で2週間程度の研修会を開いた。また、サンタクルスデヨホア地区で1名、チョルテカ・ナカオメ地区で1名、コマヤグア市で1名、隊員が講習活動を行った。

ホアン・チャンは、来年からは3年程度のプロジェクトとしたい考えを隊員側に表明し、木村隊員は教師への研修だけでは子どもたちの学力向上のための方策として弱いとの考えから、問題集を開発する必要性を実感する

など、少しずつ算数プロジェクトを形づくるアイデアが生まれていった。

　当時のJICAホンジュラス事務所も、「算数分野の活動は有望なので何年かにわたる計画として行いたい。ついては将来着任する隊員が本来の目的をよく理解するように、今のうちに計画書を作成したい」と隊員側に提案するに至った。木村隊員初め5名の隊員が相談して素案をまとめたのは、同年11月下旬であった。

NOTE	算数プロジェクト素案要旨

1. 目的
   (1) 小学校の算数の教材（テキスト、問題集、教具）を整備し、学年は意図・指導時間などのモデルプランを作る。
   (2) 現職教員の研修および優秀な教員（リーダーになれる）の発掘
   (3) ホンジュラス国の教員が自分たちで研修できるようなグループ、システムづくり
   (4) ホンジュラス国の各種教育団体との交流
2. 期間
   6年間
3. 派遣隊員人数
   6～8名程度（テグシガルパ2名、その他地方1名ずつで2～3代にわたって交替隊員が派遣されるようにする）
4. 方法
   (1) 基本的に講習会と授業参観
   (2) テキスト・問題集の作成と改訂
5. 評価
   プロジェクトに参加した教員が教えるクラスとプロジェクトに参加していない教員が教えているクラスの子どもたちに、学力検査を学年始めと終わ

りに実施して、プロジェクトの成果を比較する。

　この時既に、木村隊員を中心としたグループの中で、翌年から開始される俗に「算数プロジェクト」のコンセプト、つまり複数隊員の戦略的な派遣により協力効果の最大化を図ろうとする考え方が見られる。さらに、評価をしっかりとしてプロジェクト効果を可視化していこうとする隊員の姿勢も見てとれる。

　また同年、隊員はテキストの改訂、開発も同時に行って、算術分野と幾何分野のテキスト、算術分野の問題集、学力インパクトを測定するテスト問題の精査を実施している。算術分野テキストの改訂には、89年に選出されていたマエストロギア（リーダー教員）と呼ばれる6名のホンジュラス教師もかかわっていた。また翌年度以降の活動のために、算術テキスト800冊、幾何テキスト1,000冊、1年生用問題集800冊、2、3年生用問題集1,200冊、4、5、6年生用問題集1,600冊を、既に隊員支援経費で印刷している。木村隊員は開発した問題集を関係校に配布し、学校で活用されることで子どもの計算力が向上したことを確認している。ここでは、問題集を授業で活用するためには指導書が必要であるとの認識に至っている。のちの技術協力プロジェクトで開発される「教員指導書」のアイデアの萌芽がここにみられる。

　91年には、算術・幾何テキストが7カ月以上かけて改訂された。さらに91年6月には、テグシガルパ市内の小学校で初めて授業研究会が開催された。

(2) 算数プロジェクト誕生

　1991年には、教育省とJICAホンジュラス事務所との間で6年間の「算数プロジェクト」実施のための覚書が取り交わされている。覚書が算数プロジェクトとしてではなく"調査プロジェクト"とされているところが興味深い。

これは現在のJICA協力を始めるにあたっての公文書としての取り扱いではなく、あくまでも算数隊員活動に関しての活動の方向性を示すものとして作成されたことを意味する。内容は、前述のような木村隊員の原案をより具体化した内容となっている。協力隊員自身が当時立案した計画が、教育省側とJICA側の活動方針として1991年に公式化されたことには、大きな意味があるだろう。木村隊員帰国後、西原直美隊員がこれを受けて、同プロジェクトの取りまとめ役として大きく発展させることとなるのである。

分度器を使った授業。三角定規、コンパスなど教材の不足により、図形分野の学力が低い傾向にある。

(3)算数プロジェクトでは何がなされたか？

ここでは西原シニア隊員がまとめた「要約：算数プロジェクト評価報告書（1996年5月）」を参考に記載する。基本的には現職教員研修を実施して算数授業の質を上げるために活動が組まれていた。しかし特筆すべき成果は、系統的な開発教材と参加した教員数である。開発教材は、大きく分けると3種類。「教材研究」「指導案」「学習教材」である。日

---

7) 西原隊員は任期終了後、算数プロジェクトのためにシニア隊員として再赴任した。シニア隊員とは、当時の青年海外協力隊制度の一つである。優秀な隊員を再度シニア隊員として派遣することを通してより効果的な協力活動を展開させるねらいがあった。なお現在この制度は存在しない。

本では教師が授業前に学習内容を研究することを教材研究というが、当時の協力隊員は小学校算数学習内容をすべて網羅する形で、7領域の指導技術の講習会テキストを開発している。ホンジュラスの教員の授業研究能力の向上を目指すと同時に、目的（p.50 NOTE）を見ればわかることであるが、当時活動していた複数隊員の講習の質を一定に担保することも考慮されていた。これは協力隊として派遣される隊員のバックグラウンドが異なることによる。日本で十分な教職経験を積んできた者、臨時採用で数年教職に就いた経験を有する者、大学を卒業してすぐに参加した者などなど。その実力に違いがあったからである。

　6年間の算数プロジェクト実施期間中、通算35名の協力隊員が派遣され、全国18県中8件10地域で活動を展開した。1分野30時間、計8分野の研修に対して、累計6,884名（全国小学校教員の約20％）の教員が研修参加した。受講した教員はその後授業を公開することで実践力を磨き、地域のリーダー教員として活躍した。また隊員の支援のもと、各地域で「自立発展的研究グループ」が発足。活動状況を発表しあう全国大会も開催され、参加者は回を重ねるごとに伸びていった。本プロジェクトに参加した教員が受け持つ児童の学力向上は、学年末に実施された学力分析テスト結果において、1〜6年生の全学年で明らかとなった。

NOTE	算数プロジェクトで開発された教材リストと研修受講者数

【開発教材】
1) 講習会用テキスト（算数7領域、指導技術の計8冊）
　　目的：講習会の質を一定に保ち教員の内容理解の補助のため
2) 学年別指導案集（計6冊）
　　目的：子どもの活動を中心にした授業指導案の一つのモデルを示すため

3) 学年別練習問題集（計6冊）
　　目的：質量ともに充実し、難易度を考慮した配列になっている練習問題を提供することにより、児童の計算力と問題解決力を高めるため
4) 時間数入り学年別算数指導内容表
　　目的：ホンジュラス教員の実授業数を考慮した、指導時間数入り学年別算数指導内容を明確にする

【講習会と講習会後の授業観察を受けた教員数】

領域／年	1991	1992	1993	1994	1995	1996
自然数	188	585	680	1,154	1,780	4,387
小数	118	57	261	204	180	820
分数	N/A	106	220	215	125	666
幾何1	109	345	61	171	34	720
幾何2	N/A	28	75	64	12	179
量と測定	N/A	N/A	N/A	35	42	77
数量関係	N/A	N/A	N/A	N/A	35	35
受講者数	415	1,121	1,297	1,843	2,208	6,884
授業観察	49	142	314	310	320	

(4)算数プロジェクト―実施体制の利点と問題点

　プロジェクトでは、各地区のホンジュラス代表教員で組織される「中央推進委員会」を定期的に開催。各地区の活動情報交換、各地区の年間指導計画策定、全国教育研究大会開催に向けた準備（執行役員選出含む）などに関して話し合い決定した。また、算数プロジェクト隊員が推薦し10カ月の日本での研修受講者で組織される「元海外技術研修員の会」を結成し、彼らの日本での研修の知見をプロジェクト活動にどのように生かしていくのかの検討も行われた。

　このほか、各地区の活動発表や人的交流を目的に「全国教育研究大会」も定期的に開催されている。第1回は92年にINICEで実施。各地区の隊員はINICE体育館で泊まり込んで本会の実施に貢献した。第2回以

降は、各地区の情報交換にとどまることなく科学的研究推進の場と再定義され、各地区で研究テーマが決められ、その研究成果を発表する場として捉えられるようになった。

例えば、サンペドロスーラ地区では「教員の指導技術の高低が子どもの学力にどのように影響するのか」、フティガルパ地区では「小学校教育（算数プロジェクトの成果）の中学校における追跡調査」、ビジャヌエバでは「子どもの思考能力をいかに育てるか」など、非常に興味深いテーマが扱われた。このような実施体制並びに研究体制作りは、教育現場の人づくりにおいては非常に効果的・効率的と考えられる。

隊員の指導を受けて授業を行っている教員。黒板や教具の使い方を見ると隊員の支援の成果がよくわかる。

しかし、問題がなかったわけではなかった。中心として活動した西原シニア隊員自身が、それを指摘している（隊員活動報告書より）。「教育省が協力隊員の活動を先般の覚書で公式化し、ホンジュラス教育省の正式な活動と認められた意義は大きいが、活動実施段階では各地区の教育委員会のコミットメントの強さ次第で実施可否およびその活動効果が異なっていた」というのである。

「1991年の覚書を結んであるのだからホンジュラス側はコミットするのが当然であり、各地区教育委員会のコミットメントが弱いのはひとえに教育省

側の責任である」と言ってしまえば元も子もない。これはプロジェクト自体が「やる気があり能力が高い教員」が中心となった自主的活動をその基本としていたことと決して無関係ではないだろう。勢いやる気のある教育が自主的に動いている場合、それは非常に目立つし周りのジェラシーも生みやすい。そんな中でそのグループに新たに入りたいと願う教員は、研修へ参加したり、授業観察を受け入れてコメントを聞いて授業を改善するなど、人一倍の努力をしなければならない。プロジェクト活動に加わるというのは、それ相応の勇気がいることであったのではないか？「それがプロジェクトのねらいである」と言ってしまえばそのとおりであるが、組織や制度の中で、大多数の構成員が同じように努力していくというプロジェクト設計とは若干異なり、「（プロジェクトに入っていない教員がプロジェクトに対して）興味があるけど、一度参加してしまうと多くの仕事を抱えてしまって大変だ」という印象を持たれかねない。本プロジェクトの趣旨である「人材育成」という面からみると各地域でリーダー教員を育成する、という戦略は妥当であった。しかし、面的な拡大を図るという意味からは、若干ホンジュラスの普通レベルの教員がしり込みしかねない高いハードル（それはたとえ正しいことであっても）が、プロジェクトに内在していたことも事実であろう。

　この国際協力おけるジレンマは、本質的な問題であると同時に、取り組むのが非常に難しい問題である。やる気のある教員は真摯に物事に取り組み、それに見合った結果を出す。日本が協力している時は、日本側から正当にその努力やパフォーマンスが評価される。しかし日本の協力が終了した時点で、孤立する可能性もある。周りから「余計なことをするから仕事が増える」などの妬みが生まれることもある。周りの考え方がプロジェクト以前のままである場合は、そのひたむきな努力は周りから正当に評価されないことがある。その場合には、努力してきた教員の採る道は、プロジェクトで培った仕事への取り組みを維持していくのか、それとも周りとの和を重視して、プロジェクト以前の状態に戻っていくのかのいずれかとなる。経

験的に言えば、日本などの外部からの継続したインプットがなくなると、徐々にもとに戻っていく傾向の方が強いといえる。正当な評価が得られない場合は、周りの言う仕事のプラスアルファの仕事を継続して実施していくことはそれほど簡単なことではないのである。

しかし、このようなジレンマがあるものの、5年間でこれほどまでに講習会受講者数が増加した理由は、ホンジュラス教員のリーダーを育成する、それも一定の質をしっかり担保した者がリーダーとなるべきである、という確固たる信念のもと、協力隊員が粘り強く働きかけた結果だと自負している。

隊員の教員向け研修。教材開発を行っているところ。

隊員の教材展示会。

(5) 隊員の開発した問題集が隊員の知らないところで全国配布？

　このような中、教育省はUSAIDの資金で、算数プロジェクトで開発された『算数科児童用問題集1、2年生』の全国配布を実施した。この時期に協力隊が開発した教材（JICAが開発した教材という意味でも）が他の外国の援助機関の資金で印刷され、全国配布されたケースを私はほかに知らない。ではなぜ全国配布に至ったのか。ここでは若干その背景について考察しておきたい。

　算数プロジェクトとは対極の戦略をとったのが、当時のUSAIDであった。算数プロジェクトが実施されている時期、教育省はUSAIDからの融資を受けて「小学校教員に依存せず、質の高い教材を児童に提供することで教育改善を図る（教員研修は行わない）」（西原シニア隊員活動報告書より）という方針を取っていた。現職教員研修に旅費や日当を支払わなければならないこと、教員研修は直接的な効果が見えにくいことなどから、為政者に嫌われることがある。そんな中で、教育省は印刷配布する教材を探していたのであろう。ここからは筆者の憶測であるが、教育省にとって88年以降全国配布した教科書は前アスコナ大統領率いる自由党政権の配布した教材であり、91年に就任し国民党カジェハス政権にとっては、同じものを全国配布するという選択肢はなかったのかもしれない。USAIDで当時教育担当であったマルコ・ツウリオ氏は教育省で協力隊活動を支援していたホアン・チャン氏の尽力により、90年に協力隊の算数協力現場を視察している（p.44参照）。そのため隊員の算数教育に対する協力活動を評価していたことも今回の決定の促進要因になったのかもしれない。このような経緯を経て、木村隊員が開発を開始し、算数プロジェクトが改訂を重ねた児童用問題集1、2年生を全国配布教材とすることを決定したのではないか。当時の西原シニア隊員は、当時全国配布前にまっ

---

8) 当時は適切な問題を使って、児童の学習量を増加させることにより学力向上を目的とし、学習用教材として問題集が開発された。

たく教育省とUSAIDから本件に対する問い合わせを受けておらず、全国配布されてから初めて内容が算数プロジェクトで開発したものであったことを知ったと証言している。その後、西原シニア隊員が、教育省に対して「本問題集の使い方の研修をしなければ、現場の教師は使いこなせないから是非研修を実施するように」と働きかけても実現しなかったのは、前述のように当時の教育省としては「小学校教員に依存せず、質の高い教材を児童に提供することで教育改善を図る（教員研修は行わない）」としての教材配布であったことと考え合わせると納得がいく。

せっかく隊員の開発した教材が全国配布されたにもかかわらず、当時隊員が実施していた算数教育改善の動きと連動させて計画されなかったことは、非常に残念である。西原シニア隊員の証言どおり、当時教育省に日本人専門家が勤務していれば、多少違った結果になったのではないかと悔やまれるところである。

(6)なぜ継続しなかったのか？

1995年まで組織的に活動した算数プロジェクトも、終了後5年を経た2000年の時点でほとんどの地域で下火となっていた。そして2003年から新たに技術協力プロジェクトとして算数分野への協力活動が再開されるのであるが、ここではあれだけのインパクトを残した算数プロジェクトがなぜ継続しなかったのか、について若干考察をしておきたい。

一番大きかったのは、現職教員研修システムが1995年から地方分権化したことによると考えられる。これまで現職教員の研修は中央主導で実施されてきた。しかしこの年を境に、県教育委員会がその任を担うこととなったのである。問題は県教育委員会にその経験が蓄積されていないうちに権限だけが委譲されたことである。よって研修活動計画策定の時点から県レベルで困難がつきまとい、少しずつ「やらなく」なっていったと考えられる。もう一つ重要な視点は西原シニア隊員自身が以下に指摘するとおりである。

「(前略)『活動の主体』も明確に認識されていない。教育省初等教育局と国際協力事業団ホンジュラス事務所間の覚書に基づいてプロジェクトは開始されたものの、4年ごとの大統領選挙による人事異動などのあおりで、主体がどこになるのか、明確にされないまま進められている。その後、地元教員(カウンターパート)の参画、教員主体のプロジェクト展開を推進したいということもあり、協力隊間にさえ主体の認識がばらついている」

算数プロジェクトは、教育本省にシニア隊員が常駐しつつ地方で活動する隊員の支援を実施していた。主な構成メンバーであった協力隊員間の細かな考え方の違いはあるにせよ、目指す目標とその戦略は一貫していた。教育省為政者側にその目標と戦略の共通認識があったのどうか、という疑念を禁じ得ない。

「教育省初等教育局と国際協力事業団ホンジュラス事務所間の覚書」に関しても、教育政策の一部として位置づけされておらず、あくまでも協力隊活動における教育省側の理解を求めた覚書内容に近い性質があったのではないか──。そのことに一番気づいていたのが西原シニア隊員自身であった。

「(前略)反面、算数プロジェクトの経験は、教育の質の向上を目指した協力活動の課題も示している。その第1は、経験豊富なアドバイザーの不在である。そのような人物が近くにいれば、国際教育協力の経験と専門知識が付加される。このことにより、算数プロジェクトの抱えた多くの問題が解決されたであろう。例えば、PCM[10]の導入、現状の把握、それに最適な戦略、そして見通しなどである。なにより、現地の教育行政側との継続的な連携を可能にすることは、途上国の教育課題の根幹へのアクセスを可能にし、持続的な教育開発を実現する第一歩となり得る」(隊員報告書より)

---

9)現在の国際協力機構の旧名称。
10) Project Cycle Management の略。プロジェクトを計画し、実施をモニターし、成果を評価するためのツールを指す。

ホンジュラスでは、教育行政側との継続的な連携が1995年の地方分権化とともに途切れ、2003年の技術協力プロジェクト開始まで8年の時を要することとなった。しかし、2003年からの中米地域において中心的な役割を担うホンジュラスの礎を築いたのは、90年代の35名の協力隊員による算数プロジェクトであった。"算数教育は日本"という一種の「日本の算数ブランド」構築に、青年海外協力隊の算数プロジェクトが果たした役割は非常に大きいものがあったといえるだろう。

【第1章のまとめ】
1987年から1995年までホンジュラスでの協力隊員の活動。
- ホンジュラスの算数教育を改善し、子どもの学習改善を目指すという協力目的は明確であった。
- 協力隊は、ホンジュラス人のリーダーを育て、そのリーダーから周りの教員に徐々に普及するという戦略を取った。
- リーダー育成のために、教材研究能力強化、指導案集・授業実践力強化、という2段階戦略を取った。
- 思わぬ形で学習教材だけが全国配布され、協力隊活動の理念が軽視されたため十分な活用がなされなかった。
- 協力隊活動の理念と方策が教育政策に反映されなかったため、教育政策の変更により継続性の担保が難しかった。

【コラム】中米と日本の算数学習内容の違い

数字の読み方が違う!?

　日本では11が「じゅういち」と「10と1」という読み方で19までは「じゅう+〜」となっている。しかし、英語では皆さまご存知のように11、12は「テン+〜」と読まずに、「イレブン」というような独自の読み方を持っている。中米で話されているスペイン語も英語と似ており16〜19は日本と同じ「10+〜」という読み方であるが、11〜15までは異なる。では21〜25、31〜35〜などはどうかと言えば、日本と同じような「10+〜」という読み方になる。これは途上国の小学校1年生に2桁の数を教えるときに若干子どもたちが戸惑う点である。

【コラム】中米と日本の算数学習内容の違い

繰り上がりのある足し算は10のまとまりで考える!?

　日本では足し算・引き算を基礎とした計算を1年生で扱うが、その際10の塊で計算の仕方を考えることを重視する。例えば、8+3の場合は、①8はあと2で10、②3を2と1に分ける、③8に2を足して10、④10と残りの1で11と考える。日本人には当たり前のことが、中米をはじめとして途上国では当たり前ではない。8+3の場合、8、9、10、11と3を数えたしていくのが普通である。では、23+68はどうするか？同じように数えて足す子どもも多く、たくさんの時間を使ってしまうこととなる。

　この違いは、カリキュラムに規定される学力観によるところが大きい。日本では「計算の仕方を考える」ことが、「計算ができる」ことと「計算の意味がわかる」ことと同じように重要であると規定している。しかし、多くの途上国では「計算ができること」と計算技能についてのみ目標が記載されている。よって途上国の算数教科書では、九九と同じように「足し算の九九（1〜9までの足し算表）」が教科書に載っており、掛け算九九同様「計算ができる＝足し算九九を覚える」という教材が開発されることもある。

　前述の23+68を数え足している子どもは、3桁+3桁も数えたしする

ため時間がかかり、進級テストなどで点数を取れずに落第することもある。ホンジュラスもその例外ではなく算数教育の課題点の一つが、この（指などを使った）数え足しからの脱却であった。

　ちなみにこれまで訪問した途上国の中で、この日本式の10の塊で考える計算方法を教科書に掲載しているところはパレスチナだけであった。パレスチナの方たちに、なぜ10の塊で考えるようにしているのかと聞いてみると、アラビア語では11からの2桁の数を日本と同じように「10といくつ」と読むから、十進法を活用して計算したほうがよい、という答えであった。数字の読み方が数の認識の仕方にかかわるのかもしれないと考えさせられた。

第2章

日本がホンジュラスの算数教科書開発にかかわる
－初めての教科書開発を中心とした技術協力－

1. 技術協力として

JICAは1999年、開発計画専門家[11]を派遣し、これまでの協力隊活動を中心とした算数教育分野への協力を詳しく調査した。その結果、協力効果が見込める分野であるとの判断に至り、2003年から技術協力プロジェクトとして「算数科指導力向上プロジェクト」を実施することとなった。

日本は、ホンジュラスの義務教育にあたる小学校教育課程のカリキュラムや教科書を尊重するという立場を堅持した。よって、本プロジェクトでは現行の教科書を使っていかに授業を構成し、質を高めるか、という視点を重視する戦略を取った。プロジェクトの主要活動は、

- 現行国定教科書を補完する副教材としての児童用作業帳[12]の開発
- その作業帳を活用するための教師用指導書の開発

とした。これらの開発教材は、当時世界銀行融資によりホンジュラス国立教育大学が実施主体であるPFCと呼ばれる現職教員継続研修で使用する研修教材として採用されるものであった。

NOTE	PFCと呼ばれた現職教員継続研修

当時のホンジュラスでは小学校教師になるには、日本の高校レベルであるノルマル（師範）学校を卒業する必要があった。しかし、教育省は以前より小学校教師養成には大学レベルの教育が必要である、という考えを有していた。この背景には、小学校教育の質を向上させたいという願いと他の中南米諸国が小学校教員養成を大学レベルで行っていたことが関係する。そのため教育省は世界銀行の融資を受けて、現在高卒資格で

---

11) 本専門家は、ホンジュラス国際協力庁勤務として国際開発全般を司りつつ、これまでのJICAの実施してきた教育分野の教育協力をレビューしていた。

12) 当時国定教科書が存在したため、JICAはその教科書を補完するものとして副教材を開発するということで合意していた。先方はスペイン語で Cuaderno de Trabajo（児童用作業帳）を開発することを日本側に要請した。

小学校で教えている教員に対して大学卒業資格を与えるため、2年間の週末講座参加により短大資格を与える講座を開設した（その後の2年間で大学卒業資格）。教育省自体は大学教育を供することができないため、国立教育大学に依頼し、同コースの設計・実施を委託した。

　この制度は画期的な制度として特に農村部に勤務していた現職教員から大きな支持を得ることになる。なぜならば農村部や山間部で勤務していた地理的に大学に通うことができなかった教員が大学教育を受ける機会を得ることができたからである。特に世界銀行融資期間は、授業料が免除されていたためほぼ無償で大学教育を受ける機会に恵まれたといえる。

　この制度は当初、小学校教員養成を大学教育に引き上げるまでの暫定的な措置とされていたが、地理的に大学教育にアクセスできない教員からのニーズが絶えないため現在でも続いている。世界銀行の融資が終了してからは、受講教員が授業料を支払って通学しているところを見ると如何にこの制度が魅力的であるかがわかる。

　なお、本制度を使って短大・大学資格を取得すると給与が増額するというインセンティブもこの制度を下支えしていることも見逃せない。

　さらに特徴的だったことが、PFC講師としてプロジェクトは青年海外協力隊員を想定していたことであった。地方で実施されるPFC講師としての基本的な資質である算数学習内容に関する理解が、ホンジュラス側人材に不足しているという判断が働いたためである。協力隊員はスペイン語の語学力が足りないものの、プロジェクトで開発される教材がそれを補えると考えていた。この考え方は1990年代の協力隊による算数プロジェクトとは異なる考え方のように見える。算数内容がよくわからない講師から受講する研修効果と、協力隊が講義する効果を天秤にかけると、後者のほうが効果的であるというのが当時の判断であった。この判断に関しては賛否が分かれるところであろう。

当時の国定教科書内容は、ホンジュラス人有識者の手で開発されたということに意義があったものの、系統性や学習目標と内容の乖離などの問題を抱えていたことは前述のとおりである。協力隊事業として1990年には「ホンジュラス算数・数学教育委員会」と定期的な会合を持ってカリキュラム政策そのものを改善しようとした試みも、1991年以降はホンジュラス人教員のボランティアベースによる教員研修に重点を置いた活動にシフトしていった経緯は前章で述べたとおりである。

　前記の活動を網羅した2003年4月からの技術プロジェクトは日本名で「算数科指導力向上プロジェクト」と呼ばれ、スペイン語の頭文字を取ってプロメタムと俗称で呼ばれることとなった。

　次にプロジェクトの背景を、順を追って当時の状況を探っていきたい。

2.「教え込み」から「考える」

　当時のホンジュラスは、「教え込み」の授業から「子どもが考える」授業に変える必要がある、という考え方が広まり始めた時期であった。教育省としてもそのためにカリキュラムを改訂する必要がある、と考えていた。80年代に私が協力隊員としてホンジュラスで活動していた時も、教育省、指導主事、教員の中には「教え込みはよくない。もっと子どもたちが考えるようにしないと」という方たちは少なからずいた。前章で触れたように、協力隊事業として授業改善を目的として活動していた時も多くの賛意を得ていた。必ずしもこの時期に急に「考える」ことの重要性が唱えられたわけではなく、それ以前から少しずつ指摘されてきた方向に沿って国が公式にカリキュラム改訂をしようとした、と言えると思う。

　これ自体は非常に意義深いことであったのであるが、実際に改訂作業に入ってみると、教育省の思惑と異なることで問題が発生してきたのである。

NOTE	構成主義[13]と新カリキュラム

　1990年代後半は、世界的に教育の成果と影響に関する情報への関心が高まり、「キー・コンピテンシー[14]（主要能力）」の特定と分析に伴うコンセプトを各国共通にする必要性が強調され始めた時期であった。こうしたなか、経済協力開発機構（OECD）は「コンピテンシーの定義と選択プログラム」を1997年末にスタートし、2003年に最終報告を策定した（これは国際的な学習到達度調査（PISA）の概念枠組みの基本的な考え方となる）。

　このような世界的な潮流の中、1990年代後半には、ホンジュラス教育省も従来型の行動主義的学力観から構成主義的学力観を目指す方向に舵を切った。簡単に言えば「これまでホンジュラスの学校教育では、知識を情報として教えていたが、これからは子どもが考える教育に変換しなければならない」ということが盛んに言われ始めた時期であった。ホンジュラス教育省の言葉を借りれば、学習を「受動的なもの」から「能動的なもの」に捉え直そうとしたのである。ホンジュラス教育省は、学校教育の目的をコンピテンシー獲得とし、そのために従来の行動主義的学習理論ではなく、構成主義的学習理論に求めた。ヴィゴツキーの最近接発達領域理論[15]も盛んにもてはやされ、学校教育での学びを（社会的）構成主義に求めよ

---

13) 知識は外界との感覚的経験や他人からの伝達によって、受動的に受け取られるものではなく、人それぞれの内面で、能動的に作り上げられるものであるとする。教授者と学習者が知識を能動的に作ることが学習であるという理論。1980年から米国を中心に大きな影響力を持つようになった。『算数教育指導用語辞典　第四版』日本数学教育学会編著　教育出版　2015年

14)「コンピテンシー（能力）」とは、単なる知識や技能だけではなく、技能や態度を含むさまざまな心理的・社会的なリソースを活用して、特定の文脈の中で複雑な要求（課題）に対応することができる力のこと。
　「キー・コンピテンシー」とは、日常生活のあらゆる場面で必要なコンピテンシーをすべて列挙するのではなく、コンピテンシーの中で、特に、①人生の成功や社会の発展にとって有益、②さまざまな文脈の中でも重要な要求（課題）に対応するために必要、③特定の専門家ではなくすべての個人にとって重要、といった性質を持つとして選択されたもの。
　（『OECDにおける「キー・コンピテンシー」について』文部科学省ウェブサイトより）

15) 子どもが一人で解決できるテーマと一人では解決できずに周りの支援によって解けるようになるテーマがあるとすると、学校教育においては一人でできるかできないかのテーマを与えることが重要という考え方。

うとする機運が急速に高まったのである。

当時私がホンジュラス教育省に勤務していた折、カウンターパートであるクラウディア教育技術担当副大臣が、ことあるごとに「コンピテンシー」「ヴィゴツキー」「構成主義」の三つのキーワードを駆使して、関係省員やドナー関係者に対して新しい教育論を熱く語っていたのを覚えている。よくいえば、ホンジュラスは率先して当時の世界最新教育理論を取り入れ、自国の学校教育制度を改善しようという意欲に燃えていた、といえる。素直に考えれば、このような新しい学力観が途上国に取り入れられることによって、国際的に学力観の標準化が進んでいた、とも解釈できる。つまり、昨今のボーダレス社会において国境自体の意味が次第に薄れていくにしたがい、地球市民として求められる能力、（もっといえば自国でしか通用しない学力ではなく）国際舞台で活躍できる能力を目指して学校教育のカリキュラムも次第に標準化していく、という解釈である。

3.「考える」カリキュラムと問題点（学習量の多さと学習配列の不都合）

高い理想をもち「考える」カリキュラムに改訂しようとした教育省であったが、当時の教育省には"何をどのように変えたらよいのか"というノウハウが乏しかった。そこで、世界銀行の融資を使って国内のコンサルタント（主に大学教官）を雇い上げ、彼らに「考える」カリキュラムを作らせるという手法を採った。

今となっては憶測の域を出ないが、新しいカリキュラムを執筆した当時の大学教官たちは、教育省の思いを数学者の思いに替えて新しいカリキュラム作りに携わったのではないか、と考えられる。できあがった新しいカリキュラムを見ると学習内容がより多く盛り込まれたものとなっていたからである。カリキュラム執筆者は数学者であり教育学者ではなかったため、あくまでも数学者の良心として数学学習内容をたくさんカリキュラムに盛り込むことを目指したのかもしれない。

| NOTE | 盛りだくさんの学習内容 |

　この「盛りだくさんの学習内容」に関しては苦い思い出がある。当時私は、新カリキュラムを分析して、カウンターパートとどのような教科書を開発すべきが意見交換し、その席で「日本に比べたら盛りだくさんの学習内容で、限られた授業時数内では終わらないのではないか。もう少し学習内容を精選してもよいのではないか」とコメントした。するとクラウディア副大臣は突然顔色を変え、「お前はホンジュラス人を日本よりも劣っていると思っているんだろう」とすごい剣幕で怒ったのである。子どもの学びを保障するために授業時間に見合った学習内容にした方がよいのではという思いからであったが、そのとき「ひょっとして学習内容が多くて高度であることがホンジュラスにとって重要なのかもしれない」という思いが横切ったことも事実である。カリキュラムとはデリケートなものであり、一外国人が軽率な発言をしてはならないことを学んだ瞬間であった。

　「一独立国家のカリキュラム改編に対して支援することは出過ぎた行為である」「専門に勉強したわけでもない協力隊OBがカリキュラム支援をすることは間違っている」「外部支援者である我々は『どのように教えるか』に関しては支援できるが、『何を教えるか』に関しては独立国家が独自に決めることである」という考えが日本側にも存在した。それは今でも正しいと思う。しかし、当時のホンジュラスのような現実に直面したときに、「そうとばかりも言っていられないのではないか？」という気持ちが芽生えたのも事実である。当時のように少数のコンサルタントが自分たちの判断で学力評価結果に基づいた根拠もなく学習内容を決めていくことが国の新カリキュラム、それも構成主義型カリキュラムとして採用されることに対しては、正直横から見ていていい気持がしなかった。

　小学校算数科の新カリキュラム開発は、コンサルタントとして雇い上げら

れていた国立教育大学の数学科教授があたっていた。その中に私の懇意にしていたドイツ人数学教師もいた。彼は他の数学教授の新カリキュラム開発へのかかわり方に疑問を持ち以下のようなことを自分に語っていた。

「ある数学教授は特定の国の特定の学者の主張する学説に傾倒しているため、どうしてもその学説を新カリキュラムに採用すると言っている。その先生は自分の先輩にあたるため意見は言えないが、ある特定の学説に偏るのは妥当ではないのではないか？」

また「自分は高等数学をやっているため、小学校の算数に関してはよく知らない。どのようにして学習内容の学年配当表を作ればよいのか」という相談を持ちかけられてもいた。当時私は国立教育大学の一室を執務室としていたため、彼が自分のオフィスに遊びに来た時に、模造紙を使って縦を学年、横を領域とし、主な学習テーマを付箋で貼りながら系統性や学年の学習テーマ・内容を調整するやり方を紹介した。彼は非常に気に入って「一緒にやらないか」と言いだし、夜遅くまで二人で模造紙を前に付箋を使って検討したことを覚えている。

このエピソードは、人材不足の途上国が「教え込み」から「考える」を大切にしたカリキュラムに変えることが如何に難しいかを物語るものであると思う。なぜなら、「考える」カリキュラム理念を教科教育として捉える人たちが存在しない国もあるからである。日本には「算数教育」「数学教育」を専門とした人材がいるが、ホンジュラスには数学者しかいなかった。例えば、「面積の公式を当てはめて問題を解けることよりも、面積の公式を既習学習事項を使って自分で導き出すことができる能力を重視しよう」という発想ではなく、「もっと多くの面積の公式を覚えさせることが数学学力を伸ばすことだ」と考え、日本の小学校では教えない五角形以上の多角形の面積まで教えようとするようなものである。

もう一つの問題点は、算数・数学教育としての学習テーマの配列に対し、日本人の目から見ると若干不満が残った点にある。カリキュラム執筆

者である数学者は、「幾何」「代数」というように各領域を分けて別々の人が執筆していた。よって各領域間での調整が乏しかったため、学習テーマの配列におかしなところが残ってしまった。具体的に言えば、中学校2年生に一つのテーマをやるために、中学校1年生で扱っておく必要があるテーマを学習していないなどの不都合である。

NOTE	学習テーマの配列に課題

　前記の具体的な例として「2桁×1桁（23×3）」を紹介しておきたい。本学習テーマを導入する以前に、掛け算九九（この場合は3×3）と、20×3のような「何十×1桁」の計算が学習されていなければならない。なぜならば23×3＝（20+3）×3＝20×3+3×3であり、20×3は23×3の一部を構成しているからである。しかし、新カリキュラムには後者の学習テーマが抜け落ちていたため、カリキュラム上は23×3の計算のやり方の意味を理解をさせることは必要ないと読める。よって、カリキュラムに準拠すれば、計算の仕方という手続きだけを記載する教科書で十分である、ということになる。「なぜそうなるのか」の理解は必要ないということになる。これは日本の算数教育に親しんできた日本人にとっては、非常に気になる部分である。実は本テーマに関しては、プロメタム側も気づかずに教科書を開発していたが、短期専門家としてホンジュラスに来られた筑波大学附属小学校算数部の先生に指摘されて我々も気づいた部分であった。そこで、教育省と相談の上、教科書を改訂する際にカリキュラムに記載されていなかった「何十×1桁」に関するページを挿入し、「なぜそうするのか」を理解することのできる学習内容の配列とすることにした。

　こうして完成したカリキュラムは、全体として以前よりも「考える」カリキュラムとなったが、算数・数学学習内容だけ見てみると授業時数に対して盛

りだくさんで、若干学習テーマの配列に不都合がみられるカリキュラムとなっていた。また全体として「〜ができるようになる」という表記が多くなったことから、解釈のしかたによっては「〜ができるようになる」という技能に重きを置いたカリキュラム、にも見えたのである。

NOTE	理念が先か現実が先か？

　私は現在、仕事の関係でさまざまな国のカリキュラムに触れる機会が増えた。そうした中で、当時のホンジュラスのカリキュラム改訂に対して若干違う見方もできるのではないか、という思いにと捉われることがある。それは、「当時のホンジュラスは最新のカリキュラム改編潮流に敏感に反応すること、そのこと自体が重要だったのではないか」という疑念である。特に当時の教育副大臣はホンジュラス国立自治大学からの出向であり、学問的な関心が高く、理想に燃えていたともいえる。自国の子どもたちの学力向上のために何をすべきかという戦略的な思考に、若干鈍感であった可能性はないのだろうか。[16]

　ホンジュラスの現場教師は、知識や技能を授ける、といういわば行動主義的な授業実践を伝統的に行ってきた。教師の役割は、新しい知識や技能を説明することであり、構成主義的な授業を構成するという役割は期待されてこなかった。教育省が「(新カリキュラムを勉強して)構成主義的学習理論に基づいて授業を変えなさい」と指示すれば、教師はすぐに授業を変えることができるのであろうか？現場教員の中にしみついた行動主義的「学び方」や「教え方」は、一朝一夕に変えることができないの

---

16) 例えば、後日JICA国際協力専門員としてアジアのある国に出張に行ったときの話である。教育省カリキュラム課職員は、自国カリキュラム改訂はインターネットで先進国のカリキュラムを調べて"よさそうなもの"を自国に取り入れた、と話していた。確かに、そのカリキュラムを見てみると先進国A国、B国カリキュラムからの抜粋が散見され、先進国カリキュラムの切り貼りで自国カリキュラムを構成させていることが見て取れたのである。

ではないか。人間は、学んだようにしか教えられないのではないか、という疑問である。

4. 現実の子どもたちの実態を反映させた新カリキュラムだったか？

もう一つ指摘しておきたい点は、新カリキュラムが当時の子どもの学習実態の上に立ったものであったか？という疑問である。

第1章にも記載したように、当時のホンジュラスの算数学力は非常に低かった。その現実を目の当たりにして、果たして新カリキュラムはどの程度子どもたちの学力改善に寄与するのか、懐疑的な気持ちになったのは筆者だけではなかったはずだ。もちろん新カリキュラム自体は、教育省の「考える」ことを重視する姿勢を前面に打ち出したもので大きな意義がある。しかし、当時教育省内でそのプロセスを見てきた者として言わせてもらえば、新カリキュラム開発時に当時の子どもたちの学力レベルの話が出ることはほとんどなく、もっぱら「新カリキュラムはこうあるべき」的な議論に終始していた印象がある。当時の教育省は、「考える」新カリキュラムにすることで教育は劇的に変わり、子どもたちの学力も改善すると、短絡的と捉えていたといったら言い過ぎであろうか？

NOTE	適切な学習テーマの配列は学習改善の重要ポイント

本件に関しては米国での先行研究がある。この研究は1995年第3回国際数学・理学教育動向調査（TIMSS）で明らかになった「米国の数学における学力の伸び悩み」に端を発している。この芳しくない米国の算数・数学学力達成度に関して、米国は大きく分けると授業のやり方とカリキュラムの問題という二つの側面から研究を実施している。一つ目の授業のやり方に関しては日本、ドイツ、米国の8年生数学の授業をビデオテー

プに撮り克明に分析した結果[17]、米国での数学授業は日本のそれと比して高次の思考力を必要としていない、米国の教師はどうやってやるかを教えるが、日本の教師のように数学コンセプトを理解することを支援しないことなどがわかった。さらに、同ビデオテープスタディ結果を踏まえてジェームズ・スティグラーらが『The Teaching Gaps』という著書をあらわし、日本と米国の数学授業の差異を、日本で実践されている授業研究に求め、米国の数学教育改善のためには日本のような授業研究を実践すべきであると主張し、米国でも授業研究に関する関心が高まった。

　二つ目のカリキュラムに関しては、ミシガン州立大学が中心となって研究したカリキュラム分析と、その結果をカリフォルニアで試行して学力向上に結び付けた実践がある。彼らはTIMSS上位国の共通項は何か、という視点で分析を開始し、それが「何が教えられているか（カリキュラム）」そのものである、ことを発見した。その後1995年のTIMSS参加国37カ国のカリキュラムを比較分析し、米国の21州の数学カリキュラムを以下のように特徴づけた[18]。

①米国の教科書が扱っている学習テーマの数が他のどの国よりも多い。日本の8年生数学科では10テーマを扱っているのに対し、米国では30テーマも扱っている。

②米国カリキュラムでは重複が非常に多いため、各テーマを深く掘り下げることができない（焦点が絞り込めていない）。

③米国カリキュラムは国際スタンダードにあまり適合していない。

④米国カリキュラムは系統性が担保されておらず、各テーマがそれぞれ独立して扱われる。

---

17) "The TIMSS Videotape Classroom Study: Methods and Findings from an Exploratory Research Project on Eighth-Grade Mathematics Instruction in Germany, Japan and the United States", National Center for Education Statistics, February 1999

18) "A Choherent Curriculum- The Case of Mathematics"William Schmidt, Ricard Houang and Leland Cogan, American Educator, Summer 2002

さらに、彼らは同TIMSS上位国（A+国[19]）の理数科カリキュラムを分析し、少なくともこれらの上位国の6カ国中4カ国以上の国が扱っている学習テーマ、同5カ国以上のA+国が採用している、同すべてのA+国が採用しているという三つのカテゴリーを色分けして並べて"A+国学習テーマ（1～8年生）"を「数」「計算」「図形」…というように主要テーマを縦軸にとって作成した。この分析結果で明らかになったことは、1～8年生のコアになる学習テーマが表では逆三角形に配列していること（A+国には共通性がある）である。

この研究結果を参考として、カリフォルニア州でモデル実験が行われた。この実験ではTIMSS上位国カリキュラムに準拠して米国で既に販売されていた教科書から学習テーマを選択し生徒に学習させた結果、学力向上がみられたという。

5.「試用版」が「最終版」？

前記のような問題を抱えながらも、コンサルタントは期間内で新カリキュラムを選択し、教育省に提出。教育省は700部だけ「試用版」として印刷した。これは、この試用版を基に各方面との議論をして最終版に仕上げていく、というプロセスを意識したものである。試用版が仮に現場で試用され修正されて最終版とするプロセスが取れたなら、より教育現場で使いやすいものとなっていただろう。しかし、現実には試用期間も移行措置も存在せず、「試用版」が事実上の最終版となったのである。

JICAプロジェクトは、新カリキュラムの算数科における系統性の問題などを具体的に指摘し、改訂案をカリキュラム課に提出した。当時のカリキュラム課長は改訂する姿勢を我々に見せたものの、結局試用版がいつしか

---

19) 数学は、シンガポール、韓国、日本、香港、仏語ベルギー、チェコスロバキアの6カ国。

最終版として使用され改訂されることはなかったのである。理由は不明であるが、前述のような「外国人がかかわっているプロジェクトからの改訂案は、たとえホンジュラス人が書いたものであっても受け入れがたい」ものだったのかもしれない。別の見方もある。本カリキュラム改訂で使われた世界銀行融資プログラムでは「試用版」を開発するだけに資金が使われたため、「最終版」に改訂する資金が残っていなかったのかもしれない。いずれにしても世界銀行融資プログラムが決定したのは前自由党政権の時であり、当時政権を担当しはじめた国民党にとっては、前政権から引き継いだ政策の内の一つであった。期限が来る前に資金を使わなければならなかったという事情も、教育省側のカリキュラム改訂プロセスにネガティブに影響していたかもしれない。

6. 新カリキュラムに準拠した算数教科書をJICAがつくる？

　前記のようなプロセスを経て新カリキュラム「試用版」が印刷され、主要関係機関に配布された。しかし、これにより1989年より配布され続けていた国定教科書が新カリキュラムに準拠しない古い教科書となってしまった。教育省は急遽新カリキュラムに準拠した教科書が必要となった。白羽の矢を立てられたのがほかでもないプロメタムであった。

(1)突然の教育省からの申し入れ

　教育省から教科書開発の申し入れがあったのは、プロジェクトを開始した2003年4月から1年もたっていなかった時期であった。なぜプロジェクト策定をしているときに先方が言わなかったのか？という不満は残った。しかし、子どもの学力向上に直接役立つ児童用作業帳を開発できるということは、非常にやりがいのある仕事である。結局JICA側は同申し出を受け入れた。1988年から算数分野での協力活動を継続的に実施してきた経験から、将来的には「良質な教材を開発することが必要」と考えてお

り、10年以上日本側に脈々と息づいてきた思いでもあった。少なくとも当時教育省アドバイザー専門家として勤務していた私には、千載一遇のチャンスと感じられた。しかし、問題がなかったわけではない。それはホンジュラス側が示した「納期」である。1〜6年生の教科書開発のための期間が2年間しかなかったのである。

NOTE	既に1、2年生教科書は開発されていた

　ホンジュラス側からこの申し入れがあった時には、既に1年生版と2年生版は大方開発されていた。2001年12月、私がホンジュラス教育省に基礎教育強化アドバイザーとして赴任するときには、既に開発計画専門家と算数教育に関する新しいプロジェクト策定の必要性を共有しており、着任してすぐに冬休みを利用して1年生の教材のプロトタイプの作成を始めていた。当時はちょうど自由党カルロス・フローレス政権末期であり、教育省はほとんど機能していなかった時期であったことも幸いし、取材のプロトタイプ作成にある程度時間をとることができたのである。翌年2002年1月から新政権となる時期であったが教育省は12月31日まで勤務、1月1日だけ休日で2日から勤務という形態であったため、出勤していた職員も手持ちぶさたであった。正式にプロジェクトという形を取っていなかったこと、直属の上司が政権末期ののち片づけでほとんど業務に手が回っていなかったことなどから、国立教育大学のルイス・ソト氏（のちのプロジェクトのカウンターパート）と一緒に年末年始を利用して教材の開発を始めたのである。ルイス氏は当時世界銀行予算で運営されていた国内の学力調査をする機関に契約で雇用されていたコンサルタントであった。しかし、算数・数学教育に関しては優秀であり、意欲的でもあったことからパートナーとして働き始めたのである。私たちはまず、国定教科書を検討することから始めた。ホンジュラスの国定教科書を使って「どうすればよりわかりやすい授業とすることができるのか」、教師用指導書として指導案を作成していく作業を中心と

した。その際、ルイス氏と私は、お互いホンジュラスと日本の算数教育の考え方を、それぞれ相手に伝え合うことでホンジュラスに適合した授業展開はどのようなものなのかを模索していった。

年が明けて2002年は新規案件策定、協力隊事業支援、教育ドナー会合と忙しくなり、なかなか教材開発が進まなかった。その後、当時トルヒージョで協力隊に参加していた阿部しおり隊員(山形県教員を退職して参加、のちに算数教育専門家としてプロジェクトで活動)、ダンリの佐賀県教職休職参加の隊員や算数関連隊員を巻き込んで教材作成を進めていった。この頃は1990年代のチーム派遣の名残もあり、協力隊員が教材を作っていくことがその活動の主であった。その後、阿部しおり隊員の任期が終了し、シニアボランティアとしてホンジュラスに再赴任。阿部隊員を中心に2年生版のプロトタイプが開発された。よって2003年4月プロジェクトが始まった時には、1年生と2年生の教材のプロトタイプは既に完成していたのである。

ホンジュラス北部で90年代算数プロジェクト内で活動した阿部しおり元隊員。2003年からは算数教育専門家としてプロジェクトで活動し、教科書開発に対する技術支援を実施。2006年からは広域算数教育専門家としてホンジュラスはじめエルサルバドル、ニカラグア、グアテマラ、ドミニカ共和国で教科書開発に対する技術支援を実施した。

(2)プロメタムの教材開発

　プロジェクトが始まり、ホンジュラス側からの申し出を受け入れることを決めたJICA側は、これまで開発されていた1、2年生教材を新カリキュラムに準拠して改訂する作業と、3～6年生の教材と指導書を新たに開発する作業を引き受けることとなった。この時に問題となったのが、ホンジュラス側の誰がその開発に携わるのか、である。当時のホンジュラス教育省には、カリキュラム課はあったものの算数教育の技官が存在せず、当然誰も教科書開発のノウハウを有している者がいなかった。さらに、教育省側は「カリキュラムも教科書もコンサルタントが書くもの」と思い込んでいた。いまから思えば、先方には、JICAが実施するホンジュラスの教育省の人たちの能力向上に貢献して持続性も担保するというプロジェクトが、当時ホンジュラスでよく行われていたサービス提供型の外部のコンサルタントが実施するプロジェクトと間違われていたのかもしれない。

　このような状況の中、日本側は以下のような判断をした。「やったことのない教材開発の作業、また教育省内にその機能を担う技官が存在しない中、開発ノウハウの技術移転を実施することは困難だ。ましてや構成主義というホンジュラス人にとって未知である学力観をベースにした教材である。よってここは日本人専門家が中心となってホンジュラス側の"納期"に合わせてとにかく完成させることが肝要である。プロジェクトで開発した教材によって、新カリキュラムのコンセプトがどのように教科書の中で具体化されるのかを、ホンジュラス教員に知らしめることのほうが重要である」

　算数教育専門家として自分の後任隊員であった木村栄一算数・数学専門家が赴任したのが2003年5月である。その後、阿部シニアボランティアと当時INICEで勤務していた隊員と3名体制で、教材開発は進められた。

　もともと、本プロジェクトでは「新カリキュラムの学力観に沿った教材を研修する講師を短期間で要請することは困難」との判断から、プロジェクトで開発した教材を（現職教員の短大卒資格付与するための）研修する

のは協力隊員、という実施体制を取っていた。発想は1989年と同じである。現在の目から見ると「全部日本人がやってしまったら技術協力ではないのではないか？」という批判の声が聴かれてしかるべきである。しかし、当時プロジェクトの置かれた状況、特に与えられた時間を考えると致し方のない決断であったとみるべきであろう。

ホンジュラス小学校算数教科書の変遷。左から小学校算数1、2年生（初版）、小学校算数（第2版）、全国配布版。

小学校算数5年生の教科書（第2版）。この教科書は国立教育大学が実施したPFC研修で活用された。

7．世界銀行も教科書をつくっていた!?
(1)援助の重複が生まれやすい土壌
　2002年1月よりカルロス・フローレス大統領率いる自由党政権から、リカ

ルド・マドゥーロ大統領率いる国民党政権が誕生。他の途上国と同様に教育省内も大臣以下管理職は総入れ替えが行われた。まず初めにカルロス・アビラ新教育大臣が任命された。

　「メレッセ（MERECE）」というホンジュラスで教育分野に協力していたドナーの会合メンバーが緊急招集されたのは、アビラ大臣が就任してからほどない時期であった。大臣室脇の会議室でアビラ大臣は、開口一番、「我々は現在各ドナーがどのような支援をしてくれているのか確認しているが、多くの重複援助があるのに驚いている」と言い、ドナーの支援分野の表を提示しながら、「特にパソコン供与関連が重複しているようである」と言ったうえで、今後はこのような重複援助はやめて、効率の良い援助となるようにお願いしたい」と続けた。しかし、その後日本に対して要請した新カリキュラムに準拠した教科書開発が、世界銀行に対しても協力要請されていたことがわかったのである。

　当時、世界銀行プログラムの内容は外部者になかなか見せてもらえず、ドナー協調の場でも世界銀行担当官は同プログラムの大枠だけ共有して、詳細なコンポーネントまでは共有しないという姿勢を取っていた。私のカウンターパートであるクラウディア副大臣に、一度だけ世界銀行融資プログラムドキュメントを見せてもらったことがある。記載ぶりは「～を強化する」などであった。副大臣自身も言っていたが、何を意味するのかよくわからない記載もあった。本世界銀行プログラムは前政権との間で合意したものであったため、新政権関係者は今一つ内容を理解していなかったのかもしれない。

(2) JICA版教科書の採用

　最終的には世界銀行本部の本プログラム担当者を交えて教育省、JICAと三者でテレビ会議を開くこととなった。世界銀行ホンジュラス事務所のテレビ会議室にワシントン本部と結んで、アビラ教育大臣、世界銀行ホ

ンジュラス事務所担当、JICAからは事務所担当と私が出席した。ワシントン本部担当者は、あまり内容をしっかり把握していなかったらしく、世界銀行ホンジュラス事務所担当にいつその教科書はできるのか、と尋ねた。教育省が示した期日で開発が終了する旨の返答。しかし、その時に見せていただいた原稿（白黒印刷でワード原稿であった）を見た限りでは開発は思うように進んでいなかったようである。

　最終的にアビラ大臣はJICA版を選択した。同大臣は2005年度から教科書を全国に印刷・配布したいという思惑があり、確実に仕上げてくるJICA版の方を選択したといえるかもしれない。

　前記会議において教育大臣がJICA版を選択するにあたっては、日本側は最善と思われる準備をした。プロジェクトは教材編集に多くの時間をかけ、丁寧に仕上げていた。学習プロセスを明示するアイコンやマスコットなどを挿入した。低学年から順を追って教科書が仕上がっていくたびに、きれいに印刷をかけて製本。大臣に直接手渡しするなどの方策を取った。また私としても、ドナー関係者にきれいにカラー印刷した教科書見本を見せるなど、ロビー活動を怠らなかった。特に賛意を示してくれたのは、協力隊時代から縁のあったUSAIDのマルコ・ツウリオ氏であった。「こんなにきれいな教科書は中米で見たことがない」と、大臣の同席するドナー会合で言ってくれた。このようにJICA版が全国配布されるべきだろうという雰囲気が、少しずつドナー間や教育省内で醸成されていったのちに開かれたのが、世界銀行とのテレビ会議であったことも幸いしたのかもしれない。

8. ドナー協調から生まれた教科書の全国配布
ー「万人のための教育Education for All」ファスト・トラック・イニシアティブー
(1)困窮する教育省の財務状況

　前述のような経緯を経て、教育省はJICAが協力した小学校算数教科書を全国配布する決定に至った。しかし、誰が資金を提供するかという問

題が残っていた。当時のホンジュラス教育省の予算は、約97%を教員給与として使途せねばならない状況にあり、事業費は学校校舎建築（実際には古い校舎の修復など）のために若干計上されている程度のものであった。教育行政の計画・実施を司るという教育省が本来持っている機能を果たすことができず、勤務する省員の中には本来の職務遂行の意欲をなくした者もいた。私が政策アドバイザーとして教育省に配属された時も、本来の省としては、機能不全に陥っていたといっても過言ではない。事業費を負担する出資者であるドナーが提案してきたプロジェクトを実施することに追われ、教育省自身が主体的に計画策定する機会は極端に減っていた。だれだれさんはスペインのプロジェクトに、なになにさんはアメリカのプロジェクトにかかわっているというのが実態で、管理職と共に外国ドナーのプロジェクトにかかわる時間が多くなっていた。

最終的に教育省は、ドナー資金を活用して小学校算数教科書の全国配布を実現させたが、そのプロセスはどのようなものだったのか——。

まずは、ホンジュラスにどのようにして「教育セクター・ドナー協調」が生まれてきたのか、1998年までさかのぼって順番に見ていくこととしよう。

(2)ホンジュラスに教育ドナー会合が生まれた

私が在ホンジュラス日本大使館に専門調査員として赴任したのは、1998年11月、未曽有の被害をホンジュラス国内にもたらしたハリケーンミッチの被害跡がまだ生々しい時であった。ハリケーンミッチによる死者は5,000人ともいわれており、首都テグシガルパ市中心部はチョルテカ川上流から押し流されてきた土砂や泥水がせき止められ、主要道路は泥が堆積して通行不能となっていた。上流から土砂に流されてきた死体もその堰（せき）に埋没しており、日が経つにつれて異臭を放つようになった。メキシコからの救援隊ブルドーザーが主要道路の土砂を除く作業をして、やっとある程度の交通が確保された。ハリケーン災害の人道援助のため、日本は国際緊急援助

隊として初めて自衛隊の医療部隊を派遣。約4,000人の診察と約33,000㎡の防疫を行った。当時着任したてであった私は、大使館の車で泥だらけの市内をあっちこっち動き回ったのを覚えている。

リオグランデ川沿いに建つホンジュラス教育省の1階は土砂で埋まり、保管されていた多くの書類に被害が及んだ。テグシガルパ市内はもとより多くの学校も被災し、建物が残った教室も土砂が侵入し、机やいすなどが使い物にならなくなった。倒壊を免れた学校も被災した市民の避難場所として教室が使われ、授業どころではなくなったのである。ハリケーンが襲来したのが学年末にあたる10月終わりから11月初旬であったことから、学年末に実施予定であった進級試験が実施されず、この年だけ進級試験が免除され全員が進級するなどの緊急措置も取られた。

このままでは学校再開のめどがつかない、と考えられたときに、当時のフィゲロア教育大臣は、災害復興のための「100日計画」策定を決定した。このとき、ドナー有志に呼びかけて結成されたのが「教育ドナー会合」である。最初のメンバー国・機関は、国連開発計画（UNDP）、米国国際開発庁（USAID）、ドイツ国際協力公社（GTZ、現GIZ：ドイツ開発協力公社）、そして日本であった。在ホンジュラス日本大使館からは私が出席するようになり、ドナー協調を身を持って勉強する機会を得ることができた。

その後、ストックホルムでホンジュラスのこの大災害からの復興を手助けしようとするドナーの会合が開かれ、ホンジュラスでは主要ドナーによるドナー協調が本格的に始まった。各国代表者が集まる会合を大使級会合とし、その下に各国の取りまとめ役実務者同士の会合、その下に各セクターの会合という構成になっていた。教育ドナー会合はメレッセと呼ばれて月1回の定期会合を持ち、議長国・副議長国を半年に1回互選しながら主に情報交換を目的として活動した。大使館での専門調査員の任期を2001年11月に終えた私は、同年12月からはJICA基礎教育強化アドバイザー専門家として、本格的に同会合に参加するようになった。

(3)EFA-FTI

　折しも当時は、教育セクターに対するさまざまな追い風が吹いていた。まずは拡大HIPCs[20]が主導する対象国として、ホンジュラスが世界で初めて認定された7カ国の一つとなったことが大きい。その認定条件の一つとして参加型での貧困削減戦略ペーパー（PRSP）策定がホンジュラス側に課されたことにより、教育セクターでの国を挙げての教育改革に対する機運が高まったのである。これまであまり政策決定に意見することのなかったさまざまなアクター（大学、教会、NGOなど）も、自分たちの代表者を送りこんで議論した。結果として総花的なPRSPとなったものの、たくさんの市民社会が声を出してPRSPを作り上げたことが、ホンジュラス国内での風通しの良い議論の土壌を作り出したといってよい。

　また、1990年のタイのジョムティエンでの「万人のための教育 Education for All」宣言を受けて、世界銀行は12歳児の小学校課程完全修了目標を後押しするための「ファスト・トラック・イニシアティブ」[21]を途上国に適応することを宣言した。これによりアビラ教育大臣はボリビアに出張し、世界銀行担当者から「EFA達成のため統合的な教育開発戦略を策定すれば、必要な資金ギャップは手当てする」と聞かされ、大喜びでホンジュラスに帰国した。彼はすぐにメレッセメンバーを招集し「是非本教育開発戦略策定に協力して欲しい。時間がないのですぐに取り掛かりたい」旨の要請を行った（のちにEFA計画と呼ばれ小学校課程の教育機会拡大並びに教育の質向上のための基本戦略となった）。メレッセでは教育省職員と共にメレッセメンバーを中心とした会議を開催し、具体的な戦略を活動計画まで落とし込んだ。その後、報告書作成、資金ギャップ

---

20) 重債務貧困国。世界で経済状態がもっとも悪く、債務状態ももっとも悪い国で国際通貨基金（IMF）および世界銀行に認定されている途上国のこと。

21) Fast track iniciative。2015年までに初等教育の完全普及を達成するために、目標の達成が難しい途上国から一定の基準を満たす国を選んでドナーの支援を集中させようというイニシアティブで、2002年から世界銀行を中心に進められていた。

の積算（80億円強）をして世界銀行に提出。見事ファスト・トラック・イニシアティブ対象国としての認定を受けた。しかし、世界銀行は、資金ギャップを埋める資金をすぐに拠出するのではなく、ドナーに対して追加拠出を要請した。ホンジュラスを同iniciative担当官が来訪し、大臣とメレッセメンバーへの説明会が開かれた時に、アビラ教育大臣は話が違うと激怒。USAID担当者も世界銀行担当官に対して不快感を露わにした。蓋を開けてみれば、当初積算の資金ギャップは解消されず、ドナーから若干の拠出資金の上積みを獲得しただけにとどまった。

　しかし、このEFA計画と呼ばれる小学校課程の教育改革案策定が、実はプロジェクト策定教材の全国配布資金獲得に非常に大きな役割を果たしたのである。読者の皆さんはUSAID教育担当職員のマルコ・ツウリオ氏を覚えているだろうか。私が協力隊の時に知り合って以来、日本の協力に理解を示した人である。ドナー会合では、彼と根回しをしておいて会議の議論を引っ張ったりしたのだが、実はEFA計画策定時にも彼に1、2年生の教材プロトタイプを見せ、「これはよいものだ」という合意を取り付けてから臨んだのである。EFA計画策定の会議では、彼のおかげもあり「算数児童用作業帳と教師用指導書の全国配布」の必要性をメンバー全員で合意し、活動計画に記載することができた。このことがのちにスウエーデンが全国配布のための印刷費を拠出する論拠となったのである。資金拠出のためには公式な開発戦略であるEFA計画に記載されていることが必須条件となる。スウエーデンは財政支援型ドナーであり、技術協力はしていなかった。当時は在ホンジュラススウエーデン大使館がファスト・トラック・イニシアティブに対する増資をし、EFA計画に則った財政支援を実施しようとしていた。しかし彼らにとって教員研修などのソフトに対して資金を投入するより、教科書印刷のような形のあるものに資金供与したいとの希望を持っていた。我々の教科書印刷費を拠出する前には、「すべての新1年生に対して教材と通学かばんを供与」に対して資金提供をしている。

(4)教育と政治のはざまで

スウェーデン政府が算数教科書の全国配布分印刷費を負担することが決まってからも、他の問題が噴出した。次に解決すべきは、教科書の装丁であった。アビラ教育大臣は就任にあたり、「本政権は教育セクターの中で政権の宣伝をすることをしない」と明言していた。しかし、印刷ゲラが仕上がってきたときには、教科書の中にマドゥーロ大統領の写真とまえがきが掲載されていた。JICAホンジュラス事務所は、本件を問題と受け止めホンジュラス教育省に抗議した。またメレッセでも本件は取り上げられ問題視された。特にスウエーデン代表者は、「スウエーデン国民の税金が国民党政権の宣伝のために一部でも使途されることが問題であると認識している」と表明し、ドナー会議の中で猛烈にホンジュラス側を非難した。

教育省は、本件に関しては大統領府管轄であるとし明言を避けた。結局、本件に係る関係ドナーと大統領府大臣との会議が持たれることとなったのである。日本側からはJICAホンジュラス事務所長と私が、スウェーデンからは在ホンジュラススウエーデン大使館参事官が出席した。本会議の冒頭で、JICA側から本件に関する懸念が比較的強い口調で表明された。その後、スウエーデン側がドナー会合と同じように抗議するかと思いきや、一転して一言も発言せず無言でホンジュラス側の言い分

ホンジュラス小学校算数教科書全国配布版。

を受け入れたのである。結局、スウエーデンと共同戦線を張るはずだったJICA側は資金提供者ではなかったこともあり、当初のホンジュラス側の提案どおり大統領写真入りの教科書が全国配布されることを飲まざるを得ず、会議は低調に推移した。スウエーデン側の態度が豹変した理由は未だ不明である。

9. 教室で教科書が使われるために
(1)新教科書使用法に関する伝達講習顛末(てんまつ)

　メレッセドナー会議を通じて、それぞれのドナーの活動が周知されるにしたがって、世界銀行がカリキュラム開発、JICAが教科書開発、スペインとドイツ国際協力公社（GTZ）が教師教育、USAIDがアセスメントというドナー間の業務分担が決まっていた。これに関しては、初めから各ドナーがそれぞれの分担を決めて始めたわけではない。

　実はスペインは、INICEに対して現職教員研修システム構築のためのプロジェクトを実施していた。スペインのプロジェクト運営は日本のそれとはだいぶ違う。彼らはスペイン本国から派遣した専門家と教育省から出向した職員という2名体制でプロジェクトを運営していた。彼らがINICEと共同で開発した現職教員研修システムは、INICEが各県の代表教員に対して研修し、各県の代表教員が各地区の研修を担当する、という2段階のカスケード方式であった。さらに、各県の代表教員の名前までリストアップして、すべての現職教員研修がこの方式で実施できるようにした。名前がリストアップしてあったということが今後の研修に汎用可能という予感を、我々に抱かせた。

　プロメタムが開発した小学校算数教科書（児童用作業帳）と教師用指導書は、現職教員に対して短大卒資格を付与するPFC（現職教員継続研修）で活用されたのはもちろんのこと、学年が始まる前の2月の第1週と第2週を使い、新教科書の使い方の導入研修が計画された。これ

は小学校算数教科書全国配布決定後、新カリキュラムへの移行措置を採用しなかったホンジュラス教育省としては是が非でも成功させたい講習会であった。計画では2月第1週にINICEで県レベルの代表教員への研修を実施し、週末を挟んで第2週目に地区単位の研修を実施する計画であった。プロメタムも本研修への協力を実施し、研修プログラムの策定やINICEでの代表教員への研修にプロジェクトカウンターパートが当たった。

　しかし、第1週目の県代表教員への研修では、県の代表教員がスペインが協力したリストどおりに派遣されなかった。リストでは、各教科教育に長けた教員がリストアップされていたにもかかわらず、実際に派遣された教員は、各県が独自にリストアップした教科教育をあまり意識していないメンバーであった。スペインはINICEに対してクレームをつけたが、既に時遅しで研修は開始されていたのである。結局集まった教員の算数科学力が低く、教科書内容を十分理解できず、県の代表教員としての機能するレベルまでいかなかった。

小学校算数に関する研修風景（INICEにて）。

　ここで若干補足説明をしておく必要がある。第1章でも触れたようにホンジュラスの小学校教員は、日本でいうところの高等学校レベルの師範学校を卒業すると資格付与される仕組みであった。よって小学校教員は教科の専門がない「一般教員」と呼ばれていた。教科の専門性が社会一

般に認められるのは中学校教員以上であり、大学卒業資格が必要であった。ホンジュラス社会では「小学校教員＝一般教員」であり、教科知識が不足していると思われていた。日本の常識から言えば「高校を出ていれば小学校算数知識ぐらいあるのではないか」と思ってしまうのが普通だが、残念ながら現実は必ずしもそうではなかったのである。

　小学校教員の算数科学力の低さにはさまざまな原因があるが、その中の一つに日本の小学校のように教師が毎年担当学年を変わるということをせず、学年がほぼ固定されて担任するため、低学年を担当する教員は高学年の学習内容を忘れてしまう、というものがあった。あるいは、きちんとした授業を受けてこなかったため、小学校レベルの学力をつける機会を逸したまま師範学校生徒となり、就職したという説もある。実態はどうも後者らしい。

　以上のように県代表教員の学習内容理解不足のまま、第1週目の研修が終了した。プロメタムのカウンターパートとINICE職員の実施した第2週目の地区単位の研修のモニタリングに同行した際、さまざまな学習内容理解不足による問題点に出会った。例えば、小数同士の割り算のひっ算時の余りの小数点の位置、異分母同士の足し算における通分などである。こうなると、研修目的が「教科書の使い方」から「学習内容理解」に変わらざるを得なくなる。そのため副次的に研修時間が足りない、というおまけまでついてしまった。

　さらには、教員組合によって研修がボイコットされる事態が研修途中で発生。本研修はとん挫したまま、教科書だけが全国配布されるという事態を招いたのである。

(2) 教科書は教室に届いたのか？

　2005年にはスウェーデン資金で児童用作業帳と教師用指導書が、2006年にはカナダ資金により児童用作業帳が印刷され全国に配布された。2005年の全国配布ではホンジュラスの軍隊がその任に当たったもの

の、不足や配りすぎなどの問題が起こった。この原因はさまざまであるが、主な原因の一つに教育省が正確な児童数と教員数を把握していなかったことが挙げられる。日本人にはにわかに信じられない話だが、教育省自身が教員数を把握しておらず、給与が実際に勤務していない「元教員」に対しても継続的に支払われていたという。さらにデータが不正確であったため、印刷部数の見積もりをせずに2004年の学校に在籍する児童数で印刷したため、実数と異なっていた事例もあった。

結果として、ある学年には大量に教科書が配布されたが、他の学年には教科書が不足または配布されないという状況や、教師用指導書が届かなかったという状況が全国各地で見られたのである。このように、配布がうまくいかなかったため全国の教室ですぐに活用というわけにはいかなかったのである。

2008年には日本のノンプロ見返り資金[22]の活用により、児童用作業帳と教師用指導書が全国配布されている。その際、これまでの教訓を生かして日本の教育省アドバイザー専門家がほぼつきっきりで技術支援を実施したことにより、ようやく全国配布が完了。全国の学校現場で教科書が活用される条件が整ったのである。

ホンジュラス小学校算数教科書を使っての授業（小学校2年生）。

---

22) 無償資金協力により供与された物資を、被援助国政府が自国民に安く提供して得た売却益を、自国の開発に活用するもの。

(3) 教科書は教室で受け入れられたか

　プロジェクトでは教師に対して指導書活用状況のアンケート調査を実施した。その結果、2006年の調査では研修受講教員は未受講教員よりも指導書を使用する確率が高かったが、それでも指導書使用は60％未満に留まった。しかし、2007年には77％、2009年には88％の教員が指導書を使用して授業を実施するようになった。また「子どもにとって教科書がわかりやすい」と感じていた教師は2007年には79％であったものが、2008年には91％に増加している。さらに2007年には、「教科書は児童の学習に役立つ」と答える教師は55％であったものが、2008年には78％に増加している。JICAの教科書が子どもに考えさせる教科書となっていたため、配布当初は「使いにくい」と感じていた教師も、年を重ねるうちに少しずつ新しい授業スタイルに慣れていったことを伺わせる。現に、「教科書を使うと児童の反応が積極的になる」と感じていた教師が、2007年の51％から2008年には71％、「教科書と指導書を使うと自信をもって授業ができる」と答えた教師は2007年の66％から、2008年には85％に増加している。この傾向は、プロジェクトが実施した授業評価結果が2007年から2008年にかけて改善しているという結果からも伺える。

　その後現在（2016年）まで、木村数学専門家（ホンジュラス協力隊

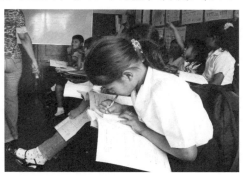

全国配布版算数教科書を使って勉強する子ども。

わからないところを先生に質問する子ども。教科書が配布されてから、子どもたちが自分で学習を進めることができる学習環境が整備された。

OBであり、東京都の高校数学教師）の技術支援により中学校1～3年生の数学教科書も開発された。小学校1～6年、中学校1～3年生の合計9冊の算数・数学教科書とともに、教師用指導書もホンジュラス国内で使い続けられている。さらに、教員を要請する国立教育大学でも同教科書が使用され続けていることも報告しておきたい。

【第2章のまとめ】

2003年から2006年まで、技術協力プロジェクトとしてホンジュラスの小学校算数教科書が開発され、全国配布される。

- ホンジュラスでは、新カリキュラムを大学の数学者が執筆したため、「考える」というコンセプトよりもより多くの学習テーマを盛り込むことが重視された。結果として、学習テーマの配列に問題を残すこととなった。
- 当時、新カリキュラムに対応する教科書がなかったため、日本が教科書開発のためのプロジェクトを行うこととなった。
- プロジェクトでは、日本の高い教科書開発技術を生かし、質の高い教科書を開発することに成功した。
- 資金不足であったホンジュラスにおいては、ドナーの資金で教科書を印刷し全国配布する必要があった。

- 一連の教科書開発、印刷、全国配布のプロセスに関しては、教育省内はもとより教育関連ドナーとの連携の中で、多くの関係者の総意で実施されたことで、現在まで使用し続けられる教科書の全国配布事業となった（1990年代の協力隊活動の教訓をうまく生かしているといえる）。

【コラム】中米と日本の算数学習内容の違い

掛け算の順番なんてどっちでもいいよ

　各国の教科書開発を実施していくうえで一番問題となったのが、算数学習内容をどのように指導するのかを決めることであった。例えば日本で2×3は、2の集まりが三つあることである。しかし、ホンジュラスをはじめ広域協力対象国では2×3も3×2も同じこと、というのである。「では教科書にどのように式と計算の仕方を掲載するのか？」と問いかけると「ん～」とコアグループ[23]メンバーはうなって答えられなかった。

　しかし考えてみると日本でも23×4では「23が4倍」という意味になるが、ひっ算で一の段を計算する際は3×4とせずに、掛ける数の4から先に4の段の九九を使って4×3とする。日本ではひっ算の場合は"便宜的に"計算がしやすいように逆から九九を使わせる。

　しかも中学に入るとxを使った式を学習するが、例えば$3x$では、前述のように順番を重視すれば「3の集まりがx倍」となるが「x個の集まりが3倍」の場合でも$3x$と記載する。なぜ小学校の時のように$x3$と表記しないのか？日本では意味を表すというよりも文字式の「表し方」として学習させるからである。

　子どもの発達段階を加味してどのように算数・数学内容を扱うのか、どのようにカリキュラムや教科書に記述していくのか？難しいところである。

---

[23] 教育省技官や大学教官からなる各国の算数教育のリーダーとして活動するメンバーを総称してこのように呼んでいた。

【コラム】中米と日本の算数学習内容の違い

教科書で使われる数字の違い

$\frac{2}{6}+\frac{3}{6}$という式が教科書に登場することがよくある。日本人であれば「なんで約分できる分数で問題を作るんだろう？」と思われる方が多いのではないだろうか。次の計算はいかがであろうか。$\frac{7}{19}\times\frac{23}{17}\times\frac{16}{79}$この計算もしっくりこない。なぜなら日本では$\frac{7}{12}\times\frac{8}{21}\times\frac{9}{2}=1$のような途中で約分すると答えが1のような"こなれた"計算に慣れ親しんでいるからであろう。そのため日本では答えが複雑な分数になってしまうと「あれ、途中で計算ミスしたかな？」と思い、やり直しをする子どもも多い。逆に$\frac{7}{19}\times\frac{23}{17}\times\frac{16}{79}$のような一見なんの脈絡もなくただ複雑な計算を強いるようなものに対しては"美しくない"問題と感じる感性が自然に身についているのが日本人である。

しかし、このような約分できる分数を使った計算問題や途中で約分ができない"美しくない計算"になるような数字の使い方は、中南米地域はもとより他の途上国でも普通に観察される現象である。

この数字に対する感じ方、教材としてどのような数字が適切なのか、などの考え方の共通理解を得ることは難しい。

第3章

中米広域"算数大好き"プロジェクト

1. 広域プロジェクトの誕生
(1)中米教育文化大臣会合での積極的な広域協力の売り込み

　2003年11月、私はホンジュラスの首都テグシガルパから飛行機を乗り継いでロアタン島にいた。中米教育文化大臣会合（CECC）に出席するためであった。ロアタン島はサンゴ礁で有名なカリブ海に浮かぶ観光の島である。しかし、到着したのは夕暮れどき。飛行場からタクシーで会場のホテル入りしたときには、とっぷりと日が暮れて周りの景色は何も見えなかった。海岸沿いのホテルのため、波の音が絶え間なく聞こえてくる。ちょうどその日は紀宮清子内親王（当時）がホンジュラスをご訪問され、テグシガルパ市内ホテルで在ホンジュラスの在留邦人との接見を実施された日であった。「なんでこんな日に自分だけ出張なんだ」と思いながらも、翌日の中米各国大臣の前でのプレゼンテーションの内容を頭の中で反芻していた。その日は、ホテルのレストランに行っても大臣会合に出席予定者らしき人影はなかった。一人で夕食をそそくさと食べて、部屋で翌日のプレゼン内容を確認してから、ベッドに潜り込んだ。

　翌朝は快晴。ホテルのレストランに行くとカルロス・アビラ教育大臣と、当時CECCコーディネーターを務めていたクラウディア・アルセロ局長が、ちょうど朝食を取っているところであった。彼らに今回のプレゼン機会の提供に改めて謝意を表明したあと、当日のスケジュールを確認した。プレゼンを終了したらすぐに飛行場に行かないと帰りのフライトに間に合わないからである。自室に戻って荷造りをし、チェックアウトをしてからプレゼンテーションに臨んだ。

　中米諸国の大臣に対しては、JICAのこれまでの同域内での算数教育協力の歩み、子どもが学びやすい教材事例としての具体的な成果物である児童用作業帳、教師用指導書の紹介、今後JICAが考えている中米カリブ地域における算数教育協力の広域化などの内容をプレゼンテーションした。プレゼンテーション内容に関して、ホンジュラスのカルロス・アビラ大

臣はJICA算数協力の素晴らしさ、特に教材内容の利点について他大臣に対して絶賛してくださった。最後に私から、もしも本広域案件に興味があり参加を考えている場合は、是非各国JICA事務所に問い合わせて来年度の要望調査であげていただきたい旨をお願いした。

　日本のODAは原則として「要請主義」を取っている。案件策定に関しては、各国のJICA事務所が該当国政府と協議しながら事業展開計画を策定するのが普通である。今回、中米教育文化大臣会合の場に臨み、トップダウンでの案件策定を引き出したのにはいくつかの理由があった。

プロジェクトに関して協議中。右端はプロジェクトダイレクターのエリア・デル・シッド教育省副大臣。左端は第1回広域プロジェクトリーダーとしても活躍した村田敏雄専門員。

　一つ目の理由は、中米各国においてホンジュラスと同様に教科書開発ニーズがあったことである。ホンジュラス以外の国でも「教え込み」から「考える」ことを重視した学力観を重視するようになり、その考え方を具体化した教科書を欲しがっていた。

　二つ目の理由は、中米地域で長年算数教育に携わる協力隊の活動を通して、「算数・数学教育は日本」といういわば"ジャパンブランド"が築かれてきたことである。さらに2000年のPISA調査において、数学リテラシーが世界第1位になったことにより、日本の算数・数学教育への信頼度は確固たるものとなった。相手国政府はもとより、他のドナーからも「日本＝算数・数学教育」と認められるところとなっていた。カルロス・アビラ教育大臣が

同大臣会合などで、各国教育大臣にJICA協力の"宣伝"をしていてくれたことも他国に大きな影響を与えたと考えられる。

　三つ目の理由は、JICA側の台所事情である。案件を広域的に策定したいと考えた裏には、スペイン語で算数教育を指導できる人材が非常に限られていたことが挙げられる。限られた人材を効率的に活用し、複数国に対して一括した技術協力を行うために、案件の広域化が考えられていたのである。「序章」で書いたとおり、中米地域は人口から見てもグアテマラの1,500万人が最高で、ホンジュラス、エルサルバドル、ニカラグアの各国はそれぞれ600万人程度であった。「中米は小国の集まりだから広域プロジェクトとして塊で考えないと」という考え方は、当時の日本人関係者間でよく耳にしていた。当時のJICAは、CECCやCECC事務局を通して広域プロジェクトを運営したいと考えていたのである。

　何はともあれ、同大臣会合でのプレゼンは一定の効果を上げた。同大臣会合の共同声明の中に「JICA算数協力に興味のある国は、各国JICA事務所に要請を提出すること」という条項が盛り込まれたのである。これによりグアテマラ、エルサルバドル、ニカラグアでは、各国教育大臣からのトップダウンの指示により、日本側に対する要請のとりまとめ作業が格段に効率化された。

　この大臣会合出席は、前記の効果をもたらしただけではなく、広域案件を策定していくプロセスを円滑に進めるためにもプラスに働いた。特にエルサルバドルにおいては、ダルリン・メサ教育大臣（当時）と同会合を通して知り合えたことで、同国でのプロジェクトを開始する前から算数教科書の開発に向けた活動を始めることができた（詳細は第4章）。

　こうしてプロメタムが始まって未だ1年もたっていない時期に、既にフェーズ2としての広域協力が、JICAからの仕掛けによって実質開始されることとなったのである。

(2)CECCとの広域協力枠組み？

　順風満帆に見えた広域協力プロジェクト策定プロセス[24]だが、問題がなかったわけではない。それはCECCとJICAとの関係である。

　CECCはコスタリカにその事務局があり、当時は元コスタリカ教育大臣がその任にあたっていた。当初JICA人間開発部は広域協力枠組みとしてCECCとの連携を模索した。CECCを活用したのも、その戦略の一環である。CECCでのプレゼンテーションが成功し、CECCとの関係構築が順調に始まったかに見えた。私もホンジュラスCECCコーディネーターであったアルセロ局長と、今後のJICAとCECCとの関係構築について話し合いを始めた。CECC事務局長[25]がホンジュラスに出張した折には、CECCとJICAとの連携構築に関して意見交換もした。

　CECCは事業実施費用がなかったため、JICAとの間でプロジェクト枠組みに合意したうえで、必要資金をCECCに拠出するように提案した。JICAからの拠出金を使って広域的な活動を調整実施、そこにJICAが技術協力を実施するという提案である。しかしJICAは基本的に二国間での協力を実施する機関であるため、CECCのような地域統合機関への資金提供は難しい。先方は代案として、JICAには資金をCECCに拠出せずともよい、両者の間での協力枠組み合意すること自体が重要である、とまで譲歩した。

　結果、JICAはCECCに対して、合意文書の案をしていただきたい旨を申し出、先方がこれを快諾。翌月には文書案が当方に示された。しかし、ここで問題が発覚した。JICAは二国間協力の実施機関であるという原則に基づき、CECCとの間での合意文章に署名することは不適切であるとするJICA本部の最終判断が下ったのである。よって、本合意は結局結ばれることはなかった。

---

24) 当時、一国に対する技術協力をプロジェクトと呼んでいたが、この場合は5カ国でホンジュラスに派遣した日本人専門家を共有すること、広域研修などでカウンターパートの能力向上を同時に実施することなどから便宜的に広域プロジェクトと名付けていた。

25) CECC運営のためコスタリカにある事務局の長。当時はコスタリカ元教育大臣が務めていた。

最前線でCECCと交渉を続けてきた私は、それを知ってキツネにつままれたような思いがした。交渉窓口であり、ドナー会議などの場でよく顔を合わせるアルセロ局長には、なんと釈明したものかと悩んだものである。教育省のアルセロ国際協力局長は事情を理解してくれたものの、その後CECC事務局長とは疎遠になり、専門家任期が終了するまでは直接CECC事務局長に謝罪する場を持てなかったことが悔やまれる。

(3) 広域参加国はJICAの協力理念とその手法をどう捉えたか？

　2005年11月、第2回プロジェクト策定のための事前調査団[26]がホンジュラスに来訪していた折、中米・カリブ地域における広域算数協力に参加する5カ国の関係者は、ホンジュラスINICEに一堂に会して準備会合を持った。JICAとしてもこのような形での広域協力は初めてで、プロジェクト開始以前に5カ国関係者間の共通理解を取っておきたいことが山ほどあったため、このような会合を持つに至ったのである。まず確認しておきたかったことは、「人材育成を重視する」というJICAの技術協力理念と、その理念を具体化させるための手法の理解を得ることであった。

　当時、中米地域で外国ドナーが教科書開発協力などを実施するということは、「外国ドナーの資金で専門家を雇い入れ、完成品を教育省に納品する」か、「外国ドナーの資金で教育省が民間教科書を入札する」か、どちらかであった。しかし、この常識をJICAは崩していった。教育省内部人材の専門性を研修や教科書を開発することを通して高めること、これらの人材が今後のカリキュラムや教科書改訂を担っていく人材であることを、先方政府に丁寧に説明していったのである。この人材育成をベースにした日本の技術協力理念は、INICEでの会合の際、参加5カ国の関係者に受け入れられた。特に、既に協力隊チーム派遣において教科書開

---

26) JICAはプロジェクト策定のため、相手国政府側とプロジェクトの詳細について取り決めをするために事前に調査団を派遣する。

発が進んでいたグアテマラ、以前から国定教科書を開発していたエルサルバドル、そしてホンジュラスは日本側の協力理念に対して大きな違和感を持たなかったと思われる。その背景には、高額なコンサルタント料を支払って教科書を手に入れたとしても、教育省自体には何らノウハウが残らない従来のやり方に、不満を募らせていたからであろう。

　問題だったのはドミニカ共和国であった。ドミニカ共和国は、INICEでの会議の共通理解は理念として賛成したが、実際の実施体制を組む段になると反対にまわった。同国は、教育省カリキュラム課職員は教材を自分で手を動かして開発するというマンデート（委任された権限）を持っていなかったからである。同国教育省の教科書は日本と同様民間の教科書会社が作成し、教育省の検定を通った段階で採用となる仕組みであった。同国においては日本と異なり、教育省検定に合格することは、教育省予算によって印刷配布されることを意味した。よってカリキュラム課職員は、民間の教科書会社が検定用に提出する教科書の原稿内容を確認する作業を本務としていたのである。しかし、こうして作成された教科書は全国に一斉に印刷配布されるのではなく、教科書印刷費として獲得された予算分（例えば今年は2億円が獲得できたので2億円分印刷して、XX地域に配布する）だけが印刷配布される仕組みとなっていた。結果として、地方によって教科書があったりなかったり、あっても違う会社のものであったり、という状況が生まれた。JICAとしては、教科書印刷配布予算措置に関しては状況を理解するものの、教育省カリキュラム課技官自ら教科書開発実施者としての能力強化をする利点として、次の3点を先方に提示した。

①現在の教科書印刷配布状況は必ずしも子どもたちや教師にとって好ましくない。また、教科書がある学年とない学年が存在し、教科書があったとしても教科書会社が違うことがある。学年間の学習内容の扱い方に統一性がなく、混乱を招く可能性がある。

②教科書の質を向上させるには、カリキュラム課職員の算数教育に関す

る能力をより実践的なものに強化することが、国として重要である。検定制度を継続するにしても、現在のカリキュラム課職員は大学の数学教師を兼務している。高等数学の知見はあるものの、小学校算数教育の実践的な経験は乏しく、子どものつまずきなどに関する知見を、検定で教科書会社側にコメントすることは難しい。

③教育省カリキュラム課自身が教科書執筆を行うことができるのであれば、それが一番望ましい。これまで民間会社に支払ってきた使用料を払う必要がなくなり、同じ予算でより多くの部数を印刷することができる。

　ドミニカ共和国教育省はJICAの提案を受け入れ、今次プロジェクトでは小学校課程8年間のうち1〜4年生算数教科書開発を、カリキュラム課職員を中心としたメンバーで実施する決定を下した。

　一方、ニカラグアでは、プロジェクト開始前までは世界銀行の融資により、民間会社の開発した教科書が配布されていた。しかし、学年ごとに入札を実施したため、学年ごとに違う教科書会社の教科書が配布されていた。日本であれば、異なる教科書会社の教科書を使って学習しても大きな混乱はない。文科省の検定制度がしっかりしていて、すべての教科書内容が学習指導要領に準拠しているためである。しかし、ニカラグア（ドミニカ共和国も同様）では、カリキュラム内容記述が曖昧なため、各民間教科書会社がそれぞれの"解釈"に基づいて学習内容と学習プロセスを決めていた。結果、教育省の検定制度が技術的に機能していなかったことなどが原因で、それぞれの学年の教科書内容が異なるという問題が生じた。

　ニカラグアにとってのJICA提案の魅力は、プロジェクトで教育省職員が教科書を開発すれば、これまで民間教科書会社から教科書を購入するたびに支払う1冊ごとの使用料分を節約できることにあった。現にそれ以来、民間教科書会社から購入することはせず、プロジェクトで開発した小学校算数教科書の全国配布を継続実施。2014年には前期中等教育（日本でいう中学校）数学教科書もニカラグア国立自治大学数学教官を中心として

自分たちの手で開発し、2015年に印刷し全国配布している。

2006年参加5カ国のカウンターパートがホンジュラスに会し、第1回広域セミナーが実施された。中央のMe gusta Matematica『算数大好き!』ロゴは、全員で決定したもの。新しい理念で教科書を開発し、子どもたちに算数好きになってもらいたいという思いからつけられたキャッチフレーズ。その後、本ロゴはさまざまな場面で使用されるようになった。なお本会場は第1章で登場したINICEであった。隊員が算数プロジェクトを開始した場所と同じ場所で広域プロジェクト関係者が一堂に会したことは感慨深い。

(4) 南南協力の頓挫

　もう一つ広域参加国との間で合意を取り付けておきたかったことが、JICAとして提供できる技術協力レベルは限定的である、ということであった。これには若干の説明を要する。

　当初JICA内では限られたスペイン語算数教育人材の効率的活用が議論され、算数教育専門家はホンジュラスに集中配置することが決定していた。その他参加予定4カ国のうちエルサルバドルとニカラグアに関しては、既に実績のある小学校教諭による協力隊事業での教材開発実績がなかったことから、業務調整型日本人専門家の配置が計画された。しかし、既にグアテマラでは1〜4年生教材が協力隊のチーム派遣で開発済みであった。ドミニカ共和国に関しては、サンチアゴでの協力隊チーム派遣があり教材開発の実績があったため、政策アドバイザーを派遣することでプロジェクトを直接実施する日本人専門家の派遣を見合わせていた。

このような日本側の実施体制から、ホンジュラス以外の4カ国に対する算数教育の技術支援は勢い限定的にならざるを得ない、という共通理解が日本側関係者にはあった。各国教科書執筆メンバーは算数教育における能力が高いため、日本人専門家からの技術支援は教科書内の指導法に関することだけだろう、と漠然と（ある意味日本側の省エネ実施体制を正当化するためにも）考えていたように思う。よって、JICAからのコアグループメンバーに対する支援は、年1回のホンジュラスで開催する在外広域研修、2006年から3回実施された日本での研修を柱とした算数教育全般に係る包括的な能力強化アプローチ、日本人算数教育専門家を中心とする各国出張ベースでの教材開発OJTでの実践的教材開発能力向上などが考えられていたのである。特に出張ベースによるOJTに関しては、「各国コアグループメンバーは算数教育のエキスパートである」ことを前提とした技術協力アプローチ設計であったため、出張回数もそれほど頻繁には必要ないだろうと予想していた。教科書開発に係る日程進捗管理は、あくまでも各国教育省の自主性に任せていく（それは当然可能であるはずであるという思い込みのもと）、という姿勢での共通理解を取ったのである。しかし、これが大誤算となり出張回数が増加していくのである。

　グアテマラとドミニカ共和国に関してはプロジェクト運営・管理を各国教育省が率先して実施していくという共通理解を取ったため、のちにこれも大誤算となった。グアテマラに対しては急遽算数専門の協力隊シニア隊員を派遣したり、短期専門家を派遣して対応したりと、自転車操業的な日本側人材の投入となった。

　もう一つ大きな誤算は、ホンジュラス人カウンターパートが後発4カ国に出向いて技術支援をするという"南南協力"が可能ではないか、ということを日本側が漠然と思い描いていたことである。広域プロジェクトが開始する前のプロメタムでの教科書開発に、あまりホンジュラス人がかかわっていなかったことは前章で述べたとおりである。しかし、我々の判断は「ホンジュラス

で開発した教科書案を一緒に検討して最終化していったのはホンジュラス人である。その経験は他4カ国に伝えられるであろうし、同じ地域で先行経験を持っている仲間として相互に学ぶことは多いのではないか」であった。

ニカラグアに対しては、2006年9月を皮切りに2007年3月まで計5回、ホンジュラス人カウンターパートが出張してホンジュラス教科書の内容の伝達講習を実施した。しかし、エルサルバドルに対して2006年7月に出張して3〜5年生ホンジュラス教科書内容の伝達研修（1、2年生は既に研修済み）をした際、エルサルバドル側から、（ホンジュラス人ではなく）日本人専門家に技術指導をして欲しい、という申し入れがあった。

ニカラグア小学校授業風景。

この違いはホンジュラス人カウンターパートの技術力以前に、エルサルバドルとニカラグアのそれぞれのホンジュラスへの微妙な感情の違いによるところが大きい。エルサルバドル人といえば中米の中でも「働き者」として有名であり、事実、教育省員の特に管理職の働き方を見ると納得できる。しかし、ホンジュラス人はエルサルバドル人のように働き者として他国から見られていない節がある。さらにエルサルバドルとホンジュラス間では交戦した歴史があり、当時国際司法裁判所で国境線での争いの審判を受けていたなどの理由もあって、エルサルバドル人は若干ホンジュラス人に対してポジティブな印象を持っていないところがみられた。他方ニカラグア人は、

ホンジュラスとはカリブ海側に国境線問題も抱えていることもあるが、1990年以前のサンディニスタ政権時代の負の遺産である経済的貧困を中米域内で長くひきずってきており、ホンジュラス人に対しての感情はエルサルバドル人のそれとは若干異なっていた。

よってエルサルバドル人は「ホンジュラスから学ぶことはない」と考えたいし、「ホンジュラス版の教科書から学ぶことはなく、我々は日本の算数教育から学んで教科書を開発しているのである」という彼らにとっての"一線"を守りたかった、ともいえる。逆にニカラグアは、それほどネガティブな感情を持っていなかった分、ホンジュラス人カウンターパートからの伝達研修に対して違和感がなかったのだと思う。

以上の経験から、中米地域における南南協力実施に関しては、慎重に国を選んで実施しなければならないことがわかる。と同時に、南南協力で何を協力するのかに関しても検討する必要がある。今考えるに、エルサルバドルに対しては、日本側がホンジュラスの経験を共有するというスタンスではなく、二国間で互いに学びあうという立場で交流するという選択肢があったと思っている。教科書開発という国の独自性を重んじる場面で「ホンジュラスからエルサルバドルへ」という図式を設定するのではなく、同じ算数教育に携わる者同士として、つまり国という枠組みを排除したところで個人と個人として学びあうという場の設定が可能であったのではないか。当時は教科書開発日程に追われており、思慮が足りなかった面があったと反省している。

もう一つの反省点は、ホンジュラス人カウンターパートの研修能力の向上レベルが、エルサルバドルの求めていたレベルに到達していなかったということである。既に当時エルサルバドルでは、海外の専門家を積極的に招へいし、最新の学力観・評価手法などを自国に取り入れようと躍起になっていた。私もエルサルバドル出張時に、コロンビア人の専門家がコンピテンシー（学力・能力）をどのように評価するか？というワークショップ（研修）を、

自国の事例をもとに実施していたところに出くわしたことがある。ちょうど日本で言えば、文科省の全国学力・学習状況調査のB問題「活用」[27]と同様な作問技術について触れていた。またエルサルバドルのプロジェクトコーディネーターは、社会的構成主義の学習理論を教育改革の柱に据え、形成的な評価手法までも教室現場に具体的に示そうと躍起になっていた時期であった。このようなエルサルバドル教育省メンバーに対し、ホンジュラス人側のカウンターパートの知識が若干追いついていないところがあり、エルサルバドル教育省の欲しい技術レベルに合わせてホンジュラスの経験を語れなかったのも事実である。南南協力を実施するということは、ある程度国際的な潮流も踏まえたうえで、自分たちの活動がどのように位置づけられるのか、ある程度俯瞰的に物事を見るための最低限の知識も必要である。

(5) 日本人専門家の出張回数の増加

2006年4月1日に始まった広域協力プロジェクトは、前年の11月にINICEで合意した内容を基に各国がそれぞれの活動を粛々と実施しているように見えた。しかし、同年6月には早くも、我々の「ホンジュラスに算数教育専門の日本人専門家を集中配備する」という戦略の甘さを知らされた。

それはエルサルバドルの福田しのぶ専門家の我々ホンジュラスの専門家に対する突然の連絡から始まった。教育省技官から提出される教科書下書き原稿を見て欲しいというのである。ニカラグアに出張した帰路にエルサルバドルに立ち寄った私は、教科書原稿を見て驚いた。初歩的な算数の誤り、目標が不明瞭なページが非常に多かったからである。ここで初めて、エルサルバドルにも継続的な技術支援が必要なことを、実感を持って認識した。

以後エルサルバドルには2006年に9回、2007年には20回出張し支援す

---

27) 文科省が小学校6年生と中学校3年生に学力診断目的で全国で実施している学力調査。主に「知識」に関する問題をAとし、主に「活用」に関する問題をBとしている。

ることになる。2011年3月のプロジェクト終了時までに、実に計51回の出張した。エルサルバドルをはじめグアテマラ21回、ニカラグア47回、ドミニカ共和国25回と、4カ国合わせて計144回の出張回数となってしまった。これでもプロジェクトの最後にカウンターパートへのアンケートには、「技術指導に感謝する」というコメントと同時に「技術支援の時間が少なかった」というコメントが寄せられたのである。教科書開発がいかに難しい作業であるかが各国カウンターパートにもプロジェクト活動を通して強く認識されたと思う。と同時に、技術支援の在り方に関しても多くの教訓を残した。

次節では、この技術支援に関するホンジュラスの具体的事例を紹介したい。

2. 人材育成への希求

先のプロメタムプロジェクトでは、教科書開発日程を最優先することでホンジュラス人材の能力強化に時間がさけなかった経緯を述べた。その時の状況を考えるといたしかたないとは思うものの、忸怩たる思いは残っていた。新しいプロジェクトを作るときには、私はもとよりJICAとして人材育成をより強化しなければという思いがより強くなっていた。

ホンジュラス教育省にはプロメタムプロジェクト実施中の2005年から「次期広域プロジェクトには専属のカウンターパートを配属して欲しい」旨の要求をし続けていたのである。しかし、当時のホンジュラスにとって、JICAの「人材を育成し、プロジェクト終了後も開発教材を改訂したり研修したりし続ける」という考え方は、ほとんど受け入れがたいものであった。なぜか？ここでは少し前にさかのぼって、ホンジュラス教育省の当時の考え方を順を追って説明しておきたい。

(1) 教育省の職員は仕事に消極的？

実は、ホンジュラス教育省で勤務する者には2種類の契約形態が存在

した。一つ目の契約形態は教育省の行政官、もう一つは教員の出向という形であった。両者は就労スタイルに大きな違いを生み出していた。前者の行政官は、年間20日間の休暇が与えられ、勤務時間は他公務員と同等の7：30～15：30であった。後者の出向教員は、年間の休暇日数は教員と同等で12月と1月の2カ月間は有給休暇、一日5時間の勤務時間となっていた。しかし1日5時間の勤務時間では一般行政職との間で勤務時間の差が出てしまうため、教員からの出向者は慣例として7：30～15：30の時間で勤務していた。また、教員出向者はあくまでも出向者であったため教員組合に属しており、教員がストライキをするときには組合員として行動を共にする（教育省勤務を休む）者も少なからずいた。

　教員の出向者の中には当然小学校教員、中学校教員もいた。よって、当初は教育省内でそのような教員出向者の中からプロジェクトカウンターパートを任命するという考えもあった。副大臣も、数回出向教員を招集し試行したが、結局長続きしなかった。その理由はちょっと複雑である。

　一つ目の理由が、算数教育専門の技官が各部署に散らばっていたこと。二つ目は予算が少なかったため「仕事は専門家がするもの」という雰囲気が省内にあったことである。

　一つ目の理由から見ておこう。教員出向者はその専門性にかかわらず教育省の各部局に点在しており、プロジェクトのカウンターパートとして適切な部署（例えば初等教育局やカリキュラム局などプロジェクトに関連する業務を司るところ）に必ずしも勤務していたわけではなかった。では、各部局がそれぞれ必要な専門性を持つ職員を擁していたかというと、必ずしもそうでもなかった。本来的には教材開発関連はカリキュラム課がその機能を有するはずである。が、同課には教科専門の技官が配置されていなかった。算数科を専門とする教員出向職員（小学校教員や中学校数学教員）はさまざまな部局にバラバラに配属されていたため、各部局をまたいだグループを取り出してプロジェクトカウンターパートとすることが困難で

あったのである。

　二つ目の理由は、少し説明を要する。教育省職員の勤務態度も、全体としてそれほど積極的なものではなかった。それは各部局が本来担うはずの業務にかかる予算が非常に少なかったことにより、開店休業状態の部局も散見されていたからである。教育省予算の97％超を教員給与が占める状態が恒常化しており、各部局が実施しなければならない本来業務に対する予算が枯渇した状態が続いていた。また、勤務する省員がその状態に"慣れていた"ために、勤務態度が受け身になっていたことも事実である。「予算がない→仕事がない→消極的な勤務態度」という負の連鎖が起こっていたといえる。

　このような事業予算のない教育省に対して、プロジェクトとして「事業」を持ってくるのはさまざまなドナーであった。プロジェクトとして事業を実施するため、該当部局をカウンターパートとして事業展開を模索する。しかし、常にドナーが直面するのは消極的な勤務態度の省員であった。ドナーは事業を効率的に計画どおり推進するために能力の高いコンサルタントを雇い、該当部署内で活動させた。ドナーはコンサルタントに対しては教育省省員よりも高い給与を支払う。時にはコンサルタントが、省員の能力向上のためにOJTをし事業展開を模索することもある。しかし、省員には、「自分たちよりも高い給与をもらっているコンサルタントが仕事をするのは当然である。給料の低い我々が彼らの仕事を助けるようなことを率先してやるのは馬鹿らしい」という考え方が蔓延していた。よって、ますます仕事に対しては消極的になるという負の連鎖が止まらなかったのである。

　外部からコンサルタントを雇い上げることよりもまずかったのが、ドナーが教育省内の能力の高い省員に活動の中心を担ってもらうため、彼らの給与に上乗せして支払い省内で働かせる、という戦略を取ったことである。結果、ドナーに雇われた者とドナーに雇われなかった通常の省員、という対立構造が浮かび上がってしまった。多くのドナーは「最終裨益者である

子どもたちのために何とかプロジェクトを推進しなければ」という思いと、「教育省が本来の姿を取り戻し、本来すべき業務をしっかりとやって欲しい」という思いとの葛藤の末に、「コンサルタント契約」という苦渋の決断をしていた。しかし、ホンジュラス側にとっては「プロジェクトを実施する者はコンサルタントである」という慣例を経験してしまうと、それを元の姿（省員が教育省の業務の一環としてプロジェクトを実施する）に戻すことは容易ではなかったのである。

(2)教育省内人材能力強化へのこだわり

このような環境の中で、JICAだけが教育省に「専属のカウンターパートを我々のプロジェクトに出して欲しい」と申し出ることは、他ドナーと比べると普通ではない。教育省側からすれば「JICAだけなぜ他のドナーがするように、省内の優秀な人材に対してコンサルタントとして通常の給与にプラスして払わないのだろうか？」という疑問につながる。このJICA側の考え方は、「教育省の本来業務の一環としてプロジェクトを捉える」というものであり、世界各地で実施しているJICAプロジェクト共通のものである。しかし、多くの国でホンジュラスと同じような「プロジェクトはコンサルタントが動かすもの」という通念が定着し、苦労を強いられているのである。

JICA側の教育省に対するこの主張は、一見すると「日本はわずかな支出を渋っている」「日本はお金持ちなのになんでコンサルタントのお金を出し渋るのか」と、誤解されて捉えられることもあった。現に、教育省の親しくしている友だちから冗談めかして前述のようなことを言われたことは、1回や2回ではなかった。

このような環境の中でも新規プロジェクトの立ち上げに際して、再三JICAの人づくりの考え方を大臣や副大臣に話したのを覚えている。趣旨はおおむね次のとおりであった。

JICAがコンサルタントや専門家を雇い上げて教科書を作成するのは簡

単だが、プロジェクト終了後は教育省内の一体誰が算数教科書を改訂するのか？一体誰が教科書の使用法に関する研修を実施するのか？教育省自身が算数教育に関する事業を展開するためには、コンサルタントや専門家をその都度雇い上げるシステムを継続していては、いつまでたってもドナーへの資金頼みが続いてしまう。JICAは、ホンジュラス人がホンジュラスのために活動できるように協力したい。そのために是非プロジェクトに専属のカウンターパートを配属して欲しい。配属された暁には、その人材の能力強化のためにJICAは最大限の努力を惜しまない。どうかプロジェクトの持続性を確保するために、ホンジュラスの将来のために専属のカウンターパートを出して欲しい、と。

実は、ホンジュラス側もJICAが主張するロジックをよく理解しており、大臣・副大臣とも原則合意していた。しかし、予算がひっ迫する折どのようにして算数教育の技官を任用するのか、頭の痛いところであったのである。

ここでなぜ難しかったのか、について若干の説明をさせていただきたい。

IMFが「小さな政府」を融資先の途上国政府に言い続けていたことは記憶に新しい。当時IMFは歳入が限られていた途上国政府に対して、公務員給与の増大を防ぐなどの措置により財政状況の改善を求めていた。そのため、ホンジュラス政府も国際社会からの資金獲得の条件として、公務員定数をすぐに増加させることはできなかったのである。教育省は前述のような教員からの出向職員を教員給与の枠内で処理することにより、本省の部局職員数を確保するというやり方を併用していた。よって、表向きは教員からの出向職員は「いずれ教職に戻る職員」という扱いを受けていたが、現実（少なくとも自分の本省内の知人）を見ると、出向職員がそのまま教職に戻らずに本省内で勤務を継続する事例の方が多かったのである。

それならば、既存の本省職員をプロジェクトの専属カウンターパートとすればよいのではないか、と思われるかもしれない。しかし話はそれほど簡

単ではなかった。各部局に配属されていた算数・数学専門の教員出向職員は、それぞれの部局職員として各人の業務を担当しており（それがそれほどの業務量でないにしても）、各部局長は、転属させることや身分をそのままにしてプロジェクト付きの技官としてINICEで業務させることには消極的であった。前述のとおり空いた職員の穴を今後埋めることは非常に難しいのであるから、各部局長の考え方は納得のいくものではあった。

　また教育省内の構造も影響していた。2名の副大臣のもと各部局が配置されていたが、その2名の副大臣以下の部局間での職員の異動は、普通はあまり行われていなかったのである。各副大臣が局長以下課長など管理職人事を担当していたため、各副大臣のブレーン同士ではコミュニケーションが保たれていたものの、副大臣をまたいでの管理職間のコミュニケーションはそれほど取れている環境ではなかった。組織の横の風通しはそれほど良かったとはいえない。

　このような環境の中でも、教育大臣や副大臣は「JICAの言い分はそのとおりである。何とかしたい」と、専属カウンターパート配置の約束をしてくれたのである。JICA側の主張はホンジュラス側も納得できるものであったし、これまでのJICA協力への信頼感がそうさせたのかもしれない。

第21回中南米地域算数・数学教育学会（2007年グアテマラ）でプロジェクトのカウンターパートであったホンジュラス国立教育大学教員であるルイス・ソト氏がプロジェクト経験を発表しているところ。彼は1998年以降さまざまな形でプロジェクトにかかわり続けてきた。現在大学で教員養成を担当。

第3章　中米広域"算数大好き"プロジェクト

同上。ポスターセッション[28]でプロジェクト活動を紹介。国際学会での発表を通してカウンターパートの能力開発をねらっている。

(3) 教育大学と教育省

　この時の教育省の決定（専属カウンターパートを配属する）に際し、大きな影響力を持ったのがホンジュラス国立教育大学であった。1998年のハリケーン災害後に誕生したメレッセに積極的にかかわり、将来のホンジュラスの教育改革の展望を積極的に発言してきたのが同大学である。私が初めて同大学関係者と会ったのは、在ホンジュラス日本大使館で専門調査員として働いていた時であり、メレッセ教育ドナー会合に参加し始めて間もない1999年であった。

　メレッセの会場で、教育大学代表として出席していた社会学者であるラモン・サルガド氏が話しかけてきた。「日本からの出席者だろう？我々は日本に期待している。是非一緒にホンジュラスの教育改革を成功させよう」という趣旨のことを言われた。ラモン氏はその数年後に教育大学学長になって、いかんなくその手腕を発揮することとなる。ホンジュラス国立教育大学は当時より教育改革に対して積極的で、日本をはじめ世界銀行、ドイツ、スペインなどと共同してさまざまなプロジェクトを実施してきていたのである。

---

28) 研修形式の一つ。研究内容をポスターにまとめて掲示し、参加者に説明する。

私が政策アドバイザー専門家として勤務していた時のカウンターパートの教育技術担当副大臣は、同大学の数学教授のエリア・デル・シッド氏であった。彼女はラモン氏が学長であった際、次期学長と目されていた人物でもあったが、彼女の所属政党が選挙に勝利したため教育副大臣の地位を選んだ人物である。彼女が副大臣となったことで、教育省と教育大学はいわば蜜月の仲になっていたといってよい。

　話を元に戻そう。JICAがプロメタムに続くプロジェクトを立ち上げようとしていた際、教育大学は率先してカウンターパートを配置しようとした。教育大学が配属しようとしたのが、私が2001年12月に教材開発を一緒に始めたルイス・ソト氏である。教育省がJICAプロジェクトに対して専属カウンターパートを配置しようと決定したのは、当時のラモン・サルガド教育大学学長とエリア・デル・シッド副大臣が本件に関して相談していたことも大きい。

　2005年6月にJICA本部より第一次事前評価団（現詳細計画調査団）が来訪、同年10月に第二次事前評価団が再来訪して、案件の骨格をホンジュラス側と共に固めていった。結局教育省は、JICA側に対して専属2名のカウンターパートを約束した。教育大学からはルイス・ソト氏となった。

(4)なかなか教育省の専属カウンターパートが決定しない!?

　教育省から、教育省側のプロジェクト専属カウンターパート選考に関し、国の算数教育のリーダーとしてどのような人材が必要なのか、JICA側に問い合わせがあった。JICA側は、これまでの長いJICA算数協力にかかわってきた人材がよいのではないか、とエリア副大臣に進言し、教育省側は当時INICEに勤務できる可能性のある人物の絞り込みを開始した。

　そこで浮かび上がってきたのが、1989年、私が協力隊で初めて算数に焦点づけた活動を開始したときに算数プロジェクトでリーダーとして活躍したドナルド・カルカモ氏であった。彼は当時、首都テグシガルパから車で1時間、徒歩でさらに1時間程の山の中の6学年を1教師で担当する複式

第3章 中米広域"算数大好き"プロジェクト

プロジェクトカウンターパートとして活動したドナルド・カルカモ氏による研修風景。彼は1988年協力隊研修を受講し、その後90年代の算数プロジェクト活躍したリーダー教員の一人。2003年のプロジェクト開始時より教科書開発や教員研修などの分野でプロジェクトの推進役として活動。現在のホンジュラス教育省員として算数教育分野で活動を継続している。

学校[29]の教師であった。その後、算数プロジェクト参加を契機に、テグシガルパ市内で1〜9年生を統合したラス・アメリカス基礎教育学校の校長として勤務していた。たまたま私が大使館に専門調査員として勤務していた折、天皇誕生日のレセプションで再会したことがきっかけとなり、その後連絡を取り合っていたことも幸いした。もう一人のカウンターパートは、チョルテカで算数プロジェクト時代にマエストロギア（リーダー教員）の一人として活動したグスタボ・ポンセ氏となった。両氏とも協力隊の算数プロジェクトで活躍した人物であり、当時の協力隊カウンターパート研修で10カ月間、栃木県と岐阜県で研修を受けていた人物である。

2006年4月からのプロジェクト開始には、教育省員としての身分措置は間に合わないというエリア副大臣の言を受け、早急な任官を条件としてドナルド・カルカモ氏とグスタボ・ポンセ氏2名のカウンターパートがINICEで勤務するようになった。もちろん教育大学からはルイス・ソト氏が大学教官の身分のまま専属カウンターパート勤務していた。ただし、ルイス氏に関し

29）二つ以上の学年を一つにした学級のことである。

ては当時大学で地域連携に関する部署勤務だったため、プロジェクト活動の報告を定期的に大学の方に行うという条件付であった。

ホンジュラスのチョルテカ県で協力隊員のカウンターパートとして活動したグスタボ・ポンセ氏。2006年より開始された第1回広域協力においてホンジュラス教育省技官としてプロジェクトカウンターパートとして活動。現在でもINICE職員として小学校算数科を中心として教員研修などにかかわっている。

　問題は教育省の2名の身分措置に関してであった。ドナルド氏は教員の無給休職制度を使って、既に米州開発銀行プログラムのコンサルタントという身分でプロジェクトで勤務を開始した。ドナルド氏の給与支払いに関してはプロジェクト開始当初の頭痛の種であった。米州開発銀行コンサルタントとして彼は定期的に報告書を作成して提出し、同銀行の承認が出て初めてコンサルタント料が支払われるというシステムであったが、彼は報告書の作成に慣れていなかったため、何度か書き直しを命じられ、そのたびに給与支払いが遅くなっていたからである。

　私は、ホンジュラス側の約束を盾に取り、何とか早期のカウンターパートの正式任命にこぎつけるべく、エリア副大臣に会うたびにお願いしてきた。ドナルド氏は米州開発銀行との契約が切れたあとは世界銀行、また米州開発銀行のコンサルタントとして数カ月おきに契約をしながら正式任用を我慢強く待った。しかし、彼の堪忍袋の緒が切れたときは「このままでは家族を養えない。（もしもこの状態が続くようであれば）僕はいつでも学校に戻るよ」と私に言ってきた。教員の時に比べて給与支払いが滞りがちになっ

たため、同氏はしばしば勤労意欲が衰える事態になったのは仕方ない。そのたびによく二人で話し合ったものである。私も「このままの状態を続けるのは難しい。ひょっとしたら彼はプロジェクトから出ていくことになるかもしれないが仕方ない」とある程度覚悟を決めていた。

　チョルテカの教員から出向してきたグスタボ氏は、当初教員出向職員として勤務していたが、8カ月後の2006年12月からドナルド氏と同様コンサルタントとして勤務し始めたため、給与支払いの状況はドナルド氏と同様になった。

　当方はプロジェクトリーダーとしてエリア副大臣に両氏の身分に関し、何とか教育省技官としての身分が保証されるまでは、契約を継続するように働きかけたり、身分措置の早期解決を働きかけたりという業務が増加した。エリア副大臣の働きかけが実ったのは、プロジェクト開始後の1年5カ月後であった。しかし、ドナルド氏の身分は教育省国際協力課職員として、グスタボ氏は教師教育課職員としての採用であった。これは欠員ができた課への欠員補充であった。やはり省員の増員はできなかった。しかし、ここでやっと両氏は各課からINICEへの出向という形でプロジェクト専属教育省職員として勤務できる体制が確立したのである。本来的には理想的な任官ではなかったが、ホンジュラス教育省としては精いっぱいの措置であったと評価したい。

　その後2007年7月からは教育省からの申し出により、専属カウンターパートが2名増員となった。INICEの職員欠員ができたためであるが、ホンジュラス側から算数教育のリーダーをプロジェクトで育てて欲しいという熱意の表れと評価したい。当時のモントウファ INICE所長は、教育大学からの出向者であったこともありJICA側に対して人材の推薦を求めたが、結局は教育省側が決定することとなった。これはのちほど同所長がこぼしていたのであるが、当時の与党自由党政権に近い教員が二つのポストを獲得したということである。一人は数学専門の若手であったが、もう一人は国語を専門とする若手であった。彼らの履歴書などアプリケーションフォーム

を見せられたが、自由党政権の有力者の推薦状が添付されていた。政治家のコネが採用に影響する現実をまざまざと見せつけられた思いがした。これはホンジュラスだけの話ではないので、ここでは教育省側が専属カウンターパートを2名増員することを決定したことを評価しておきたい。

いずれにしても前述したように当時の教育省のコンサルタントの実態を考えると、JICA側は補足的な給与などをまったく支払うことなく計5名の専属カウンターパートを獲得し、プロジェクトで活動できた事実が重要であると思う。プロジェクトが終了してから今日まで（～ 2017.3）、ドナルド氏とグスタボ氏がINICEに勤務し続け算数関連業務を担当していること、ルイス氏は大学で基礎教育課程教員養成に携わり、現在もう一度JICA数学教育のプロジェクトに現在カウンターパートとして勤務していることを考えると、当初のJICAの人づくりに関する理念が実態としてホンジュラスに残り、プロジェクトの持続性を確保しているといえるのではないだろうか。

3．算数教育人材強化
(1)人材強化するという決意だけが先行したプロジェクトの船出

人材強化をしたくても日程的に難しかった2003年のプロメタムでの苦い経験は、今回の広域算数協力においては必ず各国算数教育人材を強化する、という強い信念に変わった。とはいうもののプロジェクト開始当初は、ホンジュラス人カウンターパートを含む広域協力参加国5カ国のカウンターパート能力を絶対に強化するという固い決意だけが先行し、その方法論やプロセスに関する明確な指針を持ち合わせていなかった。途上国算数・数学カリキュラムでよくみられる「論理的思考力をつける」という文言に対して、「具体的に論理的思考力とは？」とか「どのような方策をとるのか」「どのような教材を使うのか」という記述が欠落しているのと同じである。

プロジェクト開始後、まず私の頭にあったのは「少なくともコアグループ（コアとなるメンバーの意）メンバーは、小学校算数科のカバーする学習内容

だけは十分理解する必要がある」であった。このように書くと彼らの能力を馬鹿にしているのではないか、というお叱りを受けるかもしれない。しかし、少なくとも中米広域算数協力対象国のコアグループメンバーの多くの実態が「小学校算数科のカバーする学習内容理解が不十分」であったのである。

中米のコアメンバーの名誉のためにも、これらの学習内容の理解を促進するスペイン語の用語が限られていた、という背景も指摘しておきたい。我々がスペイン語で苦労するのは、日本語ではわかるがスペイン語に直すと今一つ理解が難しい「単位量」のような用語表現である。またスペイン語には、一つの単語が文意によってさまざまな意味を持つものが多い。日本語のように、前後の意味を確認せずとも算数・数学用語として独立して理解されるような用語が比較的少ないことも原因の一つではないだろうか。「単位量」という言葉を単独で使用してもスペイン語では意味がよく取れないため、そこに解説を交えてようやく意味が理解される、ということになるのである。

まずは新しく加入したホンジュラス人コアグループメンバーに、小学校算数科学習内容のテストをしてもらうこととした。その結果、小学校4年生以上の学習内容理解に課題が見つかったため、児童用作業帳を順番に解いていく時間を設けることで彼らの了承を得た。これらのことは彼らにとって屈辱的なことだったに違いないし、これを言い出すまで相当私の中で葛藤があったのも事実である。しかし、彼らの学力が不足しているという事態を今解消せずにいつ解消するのか、という思いの方が勝った。ここで算数学力不足という抜本的な問題に目をつぶれば、プロジェクト終了後の自立発展性は事実上消滅するという決意を持って彼らに提案した。見方によっては非常に失礼な申し出に対して、彼らは快く了承してくれた。彼らはこちらが相手を馬鹿にして提案しているのではないこと、本当にホンジュラスの算数教育の行く末を考えて提案していることをわかってくれたのだと思う。

それ以来、彼らは午前中に児童用作業帳を勉強するという作業を地道に続けてくれた。答え合わせをしてわからないことは、阿部しおり専門家と

手分けして個別に説明した。苦しかったと思うが、結果的に彼らにとっては非常に有意義な教材研究の場となったことをつけ加えておきたい。この勉強会の結果はいち早く表れた。彼らの会議中の発言の中で、学習内容の系統性（学習テーマの配列）に関して、非常に細かく理解していることが確認されたのは一度や二度ではない。時にはドナルド氏やルイス氏が忘れていたことに関しても、正確に覚えて発言する場面がしばしば見られたからである。

第5回広域セミナー（2010年ホンジュラス）の様子。毎年1回広域プロジェクト参加5カ国のカウンターパートが集まって能力向上のためのセミナーを開催した。最終回である5回目は、これまでのプロジェクトの軌跡をカウンターパート自身が振り返る場として演習を中心に構成。写真はドミニカ共和国グループワーク。

同上。各国成果を発表。

(2)筑波大学附属小学校算数部のプロ教師

　人材強化の決意だけは人一倍強かったプロジェクトの船出であったが、そのために欠かすことができなかったのは、日本の算数教育をけん引する筑波大学附属小学校算数部のプロ教師集団の存在である。当時附属小学校副校長であった坪田耕三先生（現青山学院大学教授）を中心にさまざまなことを教えていただいた。また同附属小学校から毎年短期専門家としてホンジュラスをはじめとした広域協力参加国5カ国に対して出張していただき、公開授業・講演会・講義と、コアグループメンバーの専門性強化に対して多大な貢献をいただくことができた。また本邦研修の受け入れ先として、我々のコアグループメンバーを毎年受け入れていただいた。

　筑波大学附属小学校算数部は、算数科に興味がある全国の小学校教師から見たらあこがれのような存在である。日本の学習指導要領改訂への参画や教科書執筆者としても大変有名である。私も小学校教員をやっていたころ、同附属小学校が年2回実施する研究大会に是非とも出席し

図表1　広域「算数大好き!」プロジェクト"GN職能発達段階"仮説

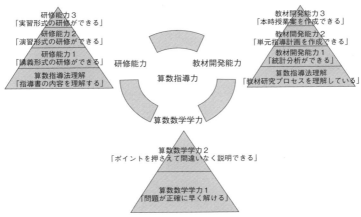

プロジェクトではカウンターパートの能力向上のために上記の仮説を設定し、各能力を向上させるための活動を組織していった。図中に見えるGNとはスペイン語で各国の中心的な役割を担うカウンターパートグループGrupo Núcleoの略称。

たく校長に直訴したものである（すべて断られたが）。

(3)コアグループ職能発達段階仮説

プロジェクト開始後、コアグループの能力強化を目指し、ああでもないこうでもないと日本人関係者を中心として議論を重ねてきたが、ようやくコアグループとして必要な期待される能力と、その発達段階に関する仮説が完成した。2年後の2008年4月のことであった。

NOTE　プロジェクトの職能発達仮説に基づいた評価結果

図表2　広域在外研修開始時・終了時テスト結果の推移（全体平均正答率）

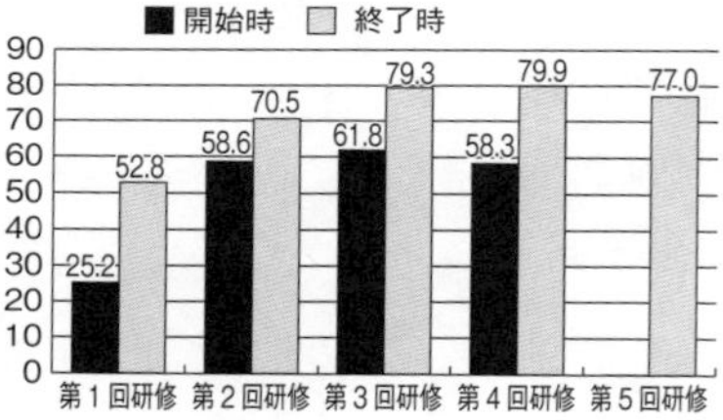

■ 開始時　□ 終了時

	第1回研修	第2回研修	第3回研修	第4回研修	第5回研修
開始時	25.2	58.6	61.8	58.3	
終了時	52.8	70.5	79.3	79.9	77.0

各国カウンターパート自身の自己評価による。
出典：プロジェクト報告書

図表3　「GN職能発達段階」仮説に基づく自己評価結果（全体平均）

	開始時	2008年時点	2010年時点
算数数学学力	6.0	8.1	8.4
教材作成能力	4.7	8.5	8.0
研修能力	4.6	7.8	7.9
興味関心	6.3	8.7	8.8

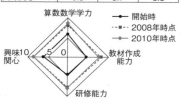

簡単に我々の考え方を説明しておこう。三つの職能をその代表的なものとしておさえている。

一つ目は、算数・数学学力。特にホンジュラスをはじめとした中米諸国のメンバーは、計算力が弱かったため基礎的な問題でも非常に時間がかかっていた。そこで、「問題を正確に早く解ける」ことを第一段階とした。その次の段階は「ポイントを押さえて間違いなく説明できる」とした。授業観察を通してホンジュラスの教師が間違いを教えている場面にも遭遇して

いたため、教師の基本的な能力の一つとして設定した。この基本的な算数・数学学力があって初めて、他の二つの能力である研修能力と教材開発能力が強化され得ると考えた。

　二つ目は、研修能力。これは3段階に設定し、教師用指導書に書かれている内容を理解することをその前提条件とし、第一段階として内容の説明ができることとし最低限の研修能力と設定した。第二段階からは受講者が能動的に参加できる研修形態を実施できるより高次の能力を設定した。

　そして三つ目は、教材開発能力とした。総合的な能力である。前提条件を教材研究プロセスの理解とし、第一段階では系統分析、第二段階では指導計画、第三段階として授業案を作成できることとした。ここでは便宜的に段階を分けたが、実際の活動を通してすべてのステップが相互に連関していることから、実際のプロジェクト活動ではそれぞれの段階を行きつ戻りつしながら作業を進めた。

　以上が我々の技術支援のフレームワークであり、人材育成のための一つの枠組みであった。しかし、学習内容一つとってみても教科書内容として決定していくためには一筋縄ではいかないテーマがたくさんあった。p.127のNOTEに例を紹介しているので、興味のある方はお読みいただければ幸いである。

第1回広域プロジェクト実施期間中、第3版小学校算数教科書が全国配布された。ホンジュラス国内のマヤ文明コパン遺跡の写真とマヤ文字で表紙デザインが一新された。この教科書は現在も使用中。

(4)問題解決型学習は万能薬なのか？

　日本の問題解決型学習は大変魅力的である。JICAが実施している本邦研修で、日本の小学校算数の授業を参観した途上国の人たちは、一様に感心し、自分の国にもぜひ導入したいという。日本人として大変光栄である。しかし、日本での研修を終えた研修員が自国で日本の問題解決型学習を授業で再現しようとすると、必ずしもうまくいかないことが多い。それはなぜか？その理由はさまざまであるが、大きな理由の一つが、学校教育目標の違いと算数教育の考え方の違いであると考える。

　日本の問題解決型学習とは、大まかにいえば次の四つの学習プロセスを踏む授業である。
①学習テーマをつかむ
②既習事項を使って学習テーマを自力で解決する
③各人の考えをみんなで出し合いながらより良い考え方を検討する
④学習したことをまとめる

　これだけ見れば誰だってできそうに見えるが、実は各学習プロセスを成立させるためにはそれぞれの条件が必要になってくる。例えば②であるが、もしも既習事項を理解していなければ、既習事項を使って新しい学習テーマを解決する、という命題自体がナンセンスとなる。日本の算数授業でも教室にいるすべての子どもが既習事項を理解して使いこなせるわけではない。そのため日本の学校では、個別指導をしたり、授業の中で既習事項を復習したり、ヒントカードなどを活用したりして、より多くの子どもが自分の考えを持てるように支援する。しかし、それでもすべての子どもが自分の考えを持つことは難しいのが現実である。

　教材の面から考えると、今日の授業テーマがこれまでの既習事項を組み合わせることで解けるようなテーマである必要がある。別の言葉でいえば学習内容の系統性がしっかりしている必要がある。ここら辺が日本の算数教育が世界的にも質が高いといわれる所以である。日本の教科書を注

| NOTE | プロジェクトの児童の学力向上モデルとロジカル・フレームワーク |

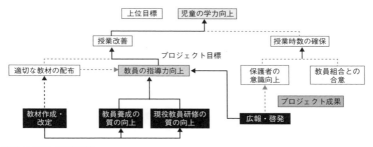

出典：プロジェクト報告書

意深く読むとよくわかることであるが、学習内容配列にまったく隙がない。

③を成立させるためには非常に優秀な教師が必要である。教師は事前に「予想される児童の考え」を綿密に予測して、子どもからでた考えを相互にかかわらせながら授業目標達成に向かって前進させていく能力が求められる。日本でもこの③がうまく授業できれば一人前と言われるくらい難しい。予測できなかった子どもの考えや反応にどうのように対応するのか？また自分の考えを持てなかった子どもへのケアも必要である。どのような学級経営がなされているのかも試される。

このように考えると、①カリキュラムの系統性、②教材の質、③教師の力、④学級経営（道徳的配慮）などさまざまな要因がすべて満たされた環境の中でしか、日本型の問題解決学習が成立しにくいことがわかる。ひるがえって考えるに途上国の現状は日本型問題解決学習を成立させ得る土壌を持っているのかどうか。前述のような①〜④のどれを取ってみても、日本型問題解決学習を成立させるという面からみると、充足していないといえるのではないだろうか。さらにいえば④の学級経営に関しては、多分

に日本的学校教育モデルの賜物であり、多くの途上国ではそのコンセプトすら存在しない。それは国として学校教育に何を求めるのかが異なっている結果であり、日本がよくて途上国が悪い、ということでは決してない。日本は学校教育法に学校教育の目的が明記され、教科教育で獲得される認知能力の育成だけではなく、生涯学習を見据えた生きる力を学校教育で育成しようとしている。それは日本という国がどのような国民を欲しているのか、という明確なメッセージである。またその価値が明示的に国民に共有されるということでもある。途上国の中に、日本のような目的が明確に学校教育に付されている国がどれだけあるだろうか？

途上国の多くは問題解決学習を重視していると、カリキュラムなどの文書に明示されている。しかし使われている教科書を見ると、日本のそれとは異なるものである。初めに問題の解法が記載され、その後その解法を使って解ける問題が列挙されているというスタイルが多い。教育省関係者に確認すると「問題解決学習（Problem Solving）である」と説明してくれるが、実際のところ日本語の訳は「問題解法学習」としたほうが、その実態をよく表しているように思う。

以上、算数教育といっても一つ一つが日本と異なっている状況において、人材を育成することはどのようなことなのかを、具体的なケースを紹介することによって見てきた。次章以降は広域プロジェクトをより具体的にイメージするために、ホンジュラス以外の国のプロジェクトも広く見ておくこととする。より具体的な中米地域での算数教育の全体像を俯瞰することができれば幸いである。

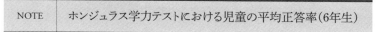

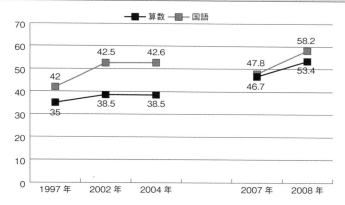

ホンジュラスにおいて小学校算数教科書の全国配布後、算数テストにおける学力改善傾向がみられる。

【第3章のまとめ】

2006年から2011年の小学校算数教科書開発を中心とした中米の広域プロジェクト。

- ホンジュラスでの新カリキュラムに基づいた教科書開発の経験が、同時期に新カリキュラム移行を考えていた中米各国のニーズと一致したことが広域プロジェクトに発展した原因の一つ。
- 広域プロジェクトとなったのはJICA側がプロジェクト専門家の効率的な活用を考えたため。
- 時間的な制約もあり人材育成が思うように進まなかった。
- 広域プロジェクトでは、プロジェクト開始時から教科書の全国配布が計画されていたため、活動の重点は「より質の高い教科書」を開発することであった。よって、算数学習内容が日本のそれとはことなることにより活動の多くが技術的な議論に費やされるようになった。

【コラム】中米と日本の算数学習内容の違い

「式」という言葉がない!?

　日本の算数・数学教育では式を立てることを非常に重要視する。よく日本のテストでは「答えが間違っていても、式がかけていれば三角（半分の点）」という採点方法も取られるほどである。

　しかし、ホンジュラスをはじめ広域協力参加国のコアグループメンバーと話していて驚いたのが、日本の「式」にあたる定訳がなかったことである。一つの言葉がその時々で式の意味であったり、公式であったり、演算であったり、ひっ算であったりする。また式とひっ算をそれぞれ「横にかく式」と「縦にかく式」と呼ぶ。式と演算が同じ言葉であった。広域協力対象国以外の中南米の国（例えばコロンビア、ボリビアなど）でもホンジュラスと同様、算数・数学用語としての式にあたる言葉が複数ある。算数・数学の教科書を見ると、日本でいうところの「式を立てる」というプロセスが抜け落ちて、いきなりひっ算で答えを求めてもOKである。というか、教科書は式を立てるプロセスを求めていない。だから例えば、答えを求めるために2+3+4を計算する場合、2+3+4=2+3=5+4=9と途中+4を書かずに2+3の答えを5と出してから最後に+4をしてもOKである。これは答えを出すためには等式（右辺と左辺が同量）の性質を無視してもよいことを意味する。この傾向は西アフリカ諸国フランス語圏の国々にも見られた。

　要は、「考え方を式で表すことが学力の重要なポイント」という教科教育に対する価値が、日本のそれとは違っているということであろう。この差は、算数・数学学力観の差なのか、それとも社会的文化的な差なのか？ホンジュラスをはじめとして、グアテマラ、エルサルバドル、ニカラグアでは、コンピテンシー概念が新学力観として再定義されており、その新学力観のもと算数・数学教育の目指す目的が日本のそれに近くなったことから、式を立てるプロセスを重視することとし、式という言葉を学校教育用に造語することとなった。今後に注目したい。

【コラム】中米と日本の算数学習内容の違い

スペイン語に「さんかく」「しかく」はない

　日本の小学校算数教育の「図形」領域では、平面図形を学習する際、子どもの生活場面で使われる言葉「さんかく」「しかく」から導入したあと、「三角形」「四角形」という算数用語を学習する。しかし、スペイン語圏には「さんかく」「しかく」にあたる言葉は存在しないため、平面図形を学習する際にいきなり「円」「三角形」「四角形」を導入する。「三角形」「四角形」という言葉が「さんかく」「しかく」と同様生活場面では曖昧に使用されていることとも関係しているのかもしれない。

第4章

中米諸国への展開

1. エルサルバドル―広域プロジェクト的教科書開発―
(1)プロジェクト形成秘話―ボランティア調整員、教育大臣と日本大使―

　2003年4月からホンジュラスでプロジェクトが始まった当時、エルサルバドルでは協力隊員による小学校に対する算数・数学教育協力活動がなされていた。その際、ボランティア調整役として活動していたのが、のちに中米広域プロジェクト専門家としてエルサルバドルで活躍する福田しのぶ氏である。彼女は、エルサルバドルでの算数教育分野のプロジェクト化に大きく尽力し、ボランティア調整員の枠を超え、教育省内での政策アドバイザー的な役割を担うまでになっていた。

　JICA内でホンジュラスでのプロジェクトを広域協力の枠組みでスケールアウト[30]することが議論されている中、福田調整員はエルサルバドル教育省内で、プロジェクト化のための根回しに奔走してくれた。当時の国民共和同盟政権は、教育大臣に、世界銀行などで既に域内でコンサルタントとして活動し、その能力が大きく評価されていたダルリン・メサ氏を擁していた。副大臣以下はメサ大臣の側近を配し、新しい教育観を積極的に取り入れた教育政策を推進していこうという気概に燃えていた。そんな折、広域プロジェクトへの参加への誘いは魅力的に映ったことであろう。福田調整員は教育省に既に派遣され活動している協力隊の活動をベースとして、積極的に省内での根回しを実施し、ついに教育省が「JICAプロジェクトをお願いしたい」というところまで交渉を進展させたのである。

　プロジェクトを策定していた時のことである。メサ教育大臣から「ホンジュラスは何年かけて小学校算数教科書を整備できたのか？」と問われた際、私は「協力隊の活動からプロジェクトとして本格的に教科書開発に乗り出した年月を合わせると10年以上である」と答えた。すると同大臣は「ではエルサルバドルでは、それを4年間でやってみせよう」といった。同大臣

---

30) 一国のプロジェクト成果を他国に広げること。

の発言は、両国の関係やエルサルバドル人気質をよく写しだしていると思う。エルサルバドル人は、自分たちはホンジュラス人よりも働き者であり、ホンジュラスよりもうまくできると思っている節がある。しかし逆に、エルサルバドル人と働き始めて驚いたのは、「ホンジュラスで成功している教科書があるのだったらそのまま使えばいいじゃないか」と考える人たちも多かったことである。使えるものは使えばよいという合理的なエルサルバドル人の気質を表しているエピソードではある。しかし最終的には、自分たちの教科書をつくることが重要であるという立場で、執筆を開始することとなる。

カウンターパートに関してこんなエピソードもあった。メサ大臣より「何人の教科書執筆者を配置したら、(プロジェクト期間)3年間で6年生までの教科書、問題集、教師用指導書が完成できるか」と聞かれ、「6〜7人」と答えたら、「OK。配置する」と即答され大変驚いたことがある。ホンジュラスでのカウンターパート配置が難航していたため、これほど簡単に大臣に承知してもらうとは夢にも思わなかったからである。ホンジュラスでの専門家経験しかなかった自分にとって、カウンターパート配置は難問中の難問という認識があった。ホンジュラスでのカウンターパート任命がなかなか進まなかった苦い経験を基に、大目に言っておこう、という思いから「6〜7人」と言ったことに対し、メサ大臣は即答。こういう国もあるのかと、改めてその違いに驚かされた

在エルサルバドル日本大使館の支援も、本プロジェクトの立ち上げに大きな役割を果たしたことを忘れてはならない。福田調整員は、案件策定に際し大使館とも密に連絡を取っていた。そのため本件が当時の細野昭雄駐在エルサルバドル日本大使(後のJICA研究所長:現シニア・リサーチ・アドバイザー)の知るところとなった。細野大使は日本の算数・数学教育を高く評価されており、本プロジェクト策定のためにメサ大臣に対し積極的な働きかけをしていただいた。前述のワークショップ修了式に出席され、同大臣に対して日本の算数・数学教育の素晴らしさを語っていただいた。さら

に、その後プロジェクト支援のため私がエルサルバドルに出張した際、大使公邸で夕食会を催してくださり、メサ大臣、グスマン副大臣などを招待。その席で先方のJICAプロジェクトに対するコミットメント強化を引出していただいた。

細野大使は在職中、NHKの人気番組"プロジェクトX"をエルサルバドルのゴールデンタイムに放映。大使自らテレビ出演してその解説をするなど、エルサルバドル人の親日観を醸成することに努められていたこともあり、エルサルバドル関係者との信頼関係も厚かった。これらのことは先方教育省側の、JICAに対する信頼感醸成に大きく貢献した。

エルサルバドル市街地の様子。

(2) プロジェクト以前より教科書開発は始まっていた

しかし、JICAのプロジェクトを実施するためには、それなりの時間がかかる。合理的な考えをするエルサルバドルらしく、やるなら早い方がよいということで、プロジェクトが始まる前から小学校教科書の開発に着手することをJICA側に提案してきた。

ホンジュラスで政策アドバイザーをしていた私は、当時のJICAホンジュラス事務所の高野剛所長から広域案件を積極的に形成するように言われていた。案件が開始する以前からエルサルバドルに出張し、教科書開発の

考え方や実際の学習内容の取扱いに関する導入ワークショップを実施することとなった。

　2005年11月、第1回目のワークショップをエルサルバドル教育省内で実施した。エルサルバドル側では福田調整員が、ワークショップ開催のための調整を担当。教育省関係者はもとより大学関係者も含む30名程度の参加者が集まった。初めての国で実施するワークショップは、先方の考え方や日本に対してどのような感情を持っているかわからないので、相手方の反応が予測できない。そのため、日本の教育経験を共有するという姿勢で臨むことが多い。多くの参加者にとって「初めての日本との出会い」なので、慎重に話を進めるようにする。このワークショップでも、ラテンアメリカ地域での算数教育の課題（この時は「いつまでたっても指を使った数え足しをする子どもが多く、計算力がつかないのはどうしてか」について扱った）に対し、日本の算数教育経験を活用した解決案を提示しながら、参加者に具体的なテーマを提示し考えてもらえるようにワークショップを進めた。幸いにも、この時の参加者からのコメントは好意的なものが多かった。エルサルバドル人の合理的に物事を考える姿勢、役に立つものは積極的に取り入れていこうという国民性が影響していたのかもしれない。

　このワークショップを機に、エルサルバドル教育省は、カリキュラム課職員を中心とした教科書執筆者グループを任命した。ホンジュラスから出張ベースでの技術移転、エルサルバドルでは福田調整員がフォローしていくという形で、教科書開発が開始されたのである。

　エルサルバドル教育省は新教科書を開発する際、従来の古い教科書が準拠していた小学校算数科カリキュラムを同時に改訂していくことを決定した。この決定を受けて当方は、出張するたびにカリキュラム課に対して小学校1年生の内容から導入研修を実施することとした。特に、系統性の考え方に対しては、重点的に取り上げることにより、エルサルバドル側がカリキュラム改訂の参考となるような情報を提供することを心がけるようにした。

第4章　中米諸国への展開

プロジェクトの内容を決定するためにエルサルバドル教育省と日本側が協議しているところ。

プロジェクトに関する合意文書を交換するグスマン教育省副大臣（左）と村田敏雄団長（右）。

(3) 予期せぬ問題

　2006年4月1日、3年間の計画でプロジェクトがスタートした。既に実質的な教科書開発は実施されていたため、活動自体には何も変わりがなかった。唯一変わったことと言えば、福田調整員が本プロジェクトの専門家として赴任したことである。彼女は教育省内のカリキュラム課内に席を設け、本格的にプロジェクト業務にかかわっていた。プロジェクトとして名実ともに体制が整ったのである。

　また、本プロジェクトでは、教科書編集を実施する際に、ホンジュラス教

科書をベースとしてエルサルバドルの新カリキュラムに準拠させるという方策が採られた。前述のように、本広域プロジェクトはホンジュラスを広域本体部分とし算数教育専門家を配置し、エルサルバドルとニカラグアには業務調整専門家を配置。ホンジュラスから技術的インプットを実施するという構想であったからである。また、エルサルバドル側はメサ大臣のイニシアティブにより、カリキュラム課に7名もの教科書執筆者を配置する措置がとられた。

　迅速なカウンターパートの配置にもかかわらず、教科書開発はそれほどうまくいかなかった。その理由は、教育省カウンターパートの教科教育理解が十分でなかったこと、さらに教科書開発に必要なホンジュラスから各国への技術支援の考え方が甘かったこと、の2点である。

　一つ目の問題は深刻であった。エルサルバドル教育省が任命した教科書執筆者7名の能力差は非常に大きかった。よって、個人の能力差が教科書紙面に出ないように配慮する必要があった。プロジェクトでは、教科書執筆手順を話し合った。結果、各章を各人に割り当て、それを持ち寄ってみんなで検討、その後検討結果を反映させて完成、という3段階の執筆プロセスを踏むこととしていた。しかし、提出された個人の仕事が教科書としてのスタンダートな質を確保できず、その対応に苦慮することとなった。

　教科書として必要な質を確保しようとすればするだけ、書き直しが必要となる。これまで自分の仕事で何べんも書き直しをした経験のない技官は、複数回の書き直しに耐えられず感情的な態度をとることもあった。書き始める前にある程度単元指導計画と授業のコンセプトを確認し、各人が執筆している途中にも確認し、なるべく書き直しをせずに最終稿に近い形で執筆してもらう配慮をしても、この問題は発出した。

　二つ目の問題は、日本側がエルサルバドルのカウンターパートの能力を過大評価したため、技術支援はホンジュラスから適宜すればよいと考えてしまったことである。その結果、技術支援の量と質が不足する結果を招いてしまった。

第4章　中米諸国への展開

　この問題は、第3章に書いたとおりであり、エルサルバドルでのホンジュラス人カウンターパートの役割をもう少し精査しつつ、日本人専門家が両国間の間に入ってうまく調整すれば、また違った結果になったのではとも考えられた。

(4)ホンジュラスから日本人専門家の出張
　では、日本人専門家の支援はどのように行われたのか、具体的に見てみよう。
　ホンジュラスからは、阿部しおり算数専門家と私の2名が出張ベースで算数教育に関する技術移転を実施し、福田専門家がエルサルバドル側で教科書執筆をフォローしながら、全体的なプロジェクト運営を実施するという体制を敷いた。ニカラグア、グアテマラとドミニカ共和国もエルサルバドルと同様の状況であったため、ホンジュラスから日本人専門家の出張が必要となっていた。他の4カ国に対して支援する必要があったにもかかわらず、ホンジュラスには算数教育に携わる専門家が阿部専門家と私の2名しかいなかった。状況は切迫していた。各国の教科書開発期間は刻々と過ぎていく中で、阿部専門家と私がホンジュラスをはじめとする4カ国の算数教育の技術移転を担当することとなった。この決定により、我々2名の出張回数が大幅に多くならざるを得なかった。国内も他4カ国も「できる人ができることをやる」という自転車操業的出張になってしまったのである。
　エルサルバドルでは教育省が教科書の印刷計画を前倒しにすることを決めたため、教科書開発がより厳しくなっていた。その結果、ただでさえタイトな教科書開発プロセスがよりタイトになってしまい、出張回数はさらに増えた。福田専門家から「来週何とか来訪して欲しい」という出張要請もくるようになった。エルサルバドルに関しては、ホンジュラスのテグシガルパからグアテマラ、ニカラグアに出張する際、飛行機の乗り換えが必要なため、ニカラグア（グアテマラ）に出張するならエルサルバドルにも立ち寄るという対応となった。飛行機が霧のため飛ばない場合は、急きょ高速バスを使っ

てエルサルバドルに出張することもあった。飛行機では25分のところ高速バスでは6時間かかった。

　飛行機の便の関係で、多くはエルサルバドルに夕方到着する出張日程を取っていた。ホンジュラスの自宅で出張準備をしてからINICEに出勤し、午後はそのままテグシガルパの空港に出かけ、午後5時過ぎの飛行機でエルサルバドルに飛ぶというパターンである。エルサルバドル空港から首都サンサルバドル市内までは車で約45分程度。ホテルに着くころにはあたりが真っ暗になる。福田専門家が滞在先のホテルに先回りして教科書原稿を置いておき、それをチェックインの際受け取る。その日のうちにチェックして翌朝教育省でのワークショップでの全体検討会に備えた。チェックする教科書原稿は相当な分量であったため、ホテルについてからレストランで夕食を食べている時間がもったいない。そのため空港からホテルに行く道すがら、ガソリンスタンドに併設されたドラッグストアでサンドイッチと飲み物を買ってからホテルにチェックインし、サンドイッチをほうばりながら教科書原稿のチェックをはじめるという戦略をとった。作業に早く取り掛かって、できるだけ早くベットに潜り込まないと睡眠時間が十分確保できない。睡眠不足になると翌日の全体検討会で集中できない。悪いことにエルサルバドル教育省カリキュラム課にはエアコンが設置されておらず、特に午後の暑さはテグシガルパの涼しい気候に慣れていた私にはこたえるものであった。阿部専門家も同様な出張パターンを取っていた。彼女はきめの細かいチェックをしフィードバックするのが得意であった。私も阿部専門家に負けないように、日本からの算数教育に関する技術移転レベルを一定以上に保てるように、ホテルで夜一人教科書原稿の読み込み作業をしたことを懐かしく思い出す。

(5) 業務調整型専門家の苦労

　我々もホンジュラスからひっきりなしの出張に疲れていたが、印刷期限を気にしながら、ホンジュラスからの出張者の受け入れ、出張者がいないと

きのフォロー、教科書の体裁を整える校正までを担当していた福田専門家の心労は、さらに大きかったはずである。出張者はあくまでも出張者であり、期間が終了すれば（たとえ計画どおりに開発がうまくいっていなかったとしても）帰国できるが、彼女はそうはいかない。「私は算数教育の知見がないので」を口癖のように言っていたが、算数教育に関しては人一倍勉強に励んでいた。教育省の7名の教科書執筆者への日々の寄り添い、期日までの教科書の仕上げなど神経を使う仕事に対して直接責任を持っていたため、その心労はどれだけのものであったか。初めての専門家とし

エルサルバドル小学校の時間表。午後1：15から5時間の授業を実施して午後5：30終了。通常小学校では二部制を採り、同一教室を午前の部（7：00〜12：00）と午後の部で使用する。

エルサルバドル小学校の授業風景。

て業務であったが、一人専門家として業務調整から算数教育関連の仕事まで幅広くこなし、出張者である我々に対しても食事に付き合ってくれたり、移動に際して自分の車を出してくれたりと何事にも心配りを見せてくれた。彼女の頑張りなくしてエルサルバドルでの算数教科書の全国配布はなしえなかったであろう。

(6)エルサルバドル版の教科書を開発するということ

同国のプロジェクトの特徴は、ホンジュラスの教科書を参考にしながらもエルサルバドル版にすることに対する強いこだわりを持って、教育省がプロジェクトに臨んだことであったことは前述した。ここにその強いこだわりを示す一つのエピソードがある。

案件策定の際、時間の制約から3、4年生版の教科書は現場でホンジュラス版を試行的に使ってみながら改訂することで合意していた。しかし、蓋を開けてみると3、4年生も他学年と同様に、エルサルバドル版の教科書として開発することに変更になったのである。そのため教科書開発プロセスが当初予定と大幅に狂い、我々を悩ませる結果となった。

福田専門家は、最終報告書で当時のエルサルバドル側の決定に関し、良かった点と悪かった点の両方を挙げている。まず良かった点であるが、エルサルバドル版を急遽開発することとなったため、教科書執筆者がいやがうえにも算数教育の系統性を理論的かつ子どもの発達段階を考慮して考えるようになったこと。他方悪かった点として、算数教育の面からある一定レベルで系統性が担保されていたホンジュラス版教科書に自分たちが手を入れることによって、改悪となった個所もあったこと、を指摘している。

教科書開発は、各メンバーが選抜してきたものを全員で協議して最終版を決定する、というプロセスを踏む。しかし、原稿締切日が近づいてくると全員で検討する時間を十分確保することが徐々に難しくなってきた。時間を節約するために、各人の案を日本人専門家がチェックしながら、担当技

官が修正を重ねる作業が多くなってきたからである。全員での議論という時間のかかる（しかし、大切な）能力向上の機会を犠牲にする代わりに、開発の時間短縮を図るという作業形態に徐々に変質していった。そのため技術的には、教科書開発プロセスの中で、全員に算数教育体系の全体像を把握する暇を与えなかったのではないか、という後ろめたさは残る。しかし福田専門家は、「それでもやっぱりエルサルバドル版を開発したことは正しい選択だったのではないか」と当時を回顧している。

小学校算数教科書引き渡し式の様子。中央、メサ教育大臣（白いスーツ）と福田専門家（黒いスーツ）。

プロジェクトで開発した教師用指導書、児童用教科書、児童用作業帳。（手前から順に、児童用教科書、練習帳[31]（1〜3年生のみ）、教員用指導書）

---

31) 当時「作業帳」は貸出用で「練習帳」は毎年印刷して子どもが練習帳に書き込みをしながら学習するようになっていた。

(7)教員研修

　エルサルバドルでは、時を同じくして開発された教科書、指導書をベースとして計16モジュールの研修教材を開発した。各モジュールは、テキスト、診断・終了時テスト、研修指導案から構成されており、現職教員研修のテキストとしての活用を目指した。

　実は本研修教材を開発する際大きな問題があった。教科書開発者と研修教材開発者が異なった点である。教科書開発者はカリキュラム課を中心としたメンバーで構成され、研修教材開発は研修課と全国に三つある教員研修センター算数科の技官が担った。研修教材開発者は教科書開発にまったくかかわらなかったため、もう一度初めから教科書、指導書内容について確認してもらわねばならなかった。そのためエルサルバドル側も日本人専門家側もかなりの労力を割くこととなる。

　最後の方は時間が足りずに、ホテルに缶詰めになって作業をすることとなった。彼らのホテル宿泊費はスペインが負担した。研修教材も教科書開発と同じプロセスを踏むこととなっていたが、全体での協議をする時間を削って、各メンバーと日本人専門家が直接やり取りをしながらまとめていく時間の方が多くなった。締切に間に合わすために、最後の方はしっかりと確認できないまま印刷に回さざるを得なくなったことが悔やまれる。しかし、四六時中一緒にいることによりお互いの信頼関係を築けたのは大きなプラスであった。

(8)政権交代による全国配布版教科書の「お蔵入り」

　プロジェクト実施期間中、政府は『2021年までの国家計画』を策定し「政権が交代してもこの計画は継続する。なぜならば政党の計画ではなく、国の計画だから」と豪語していた。その国家計画も、2009年3月の大統領選挙でファラブンド・マルティ民族国民解放戦線が勝利し、実際に国政を担当し始めた途端、お蔵入りとなった。プロジェクトで開発された教科書も印刷、配布されなくなった。プロジェクトで活動した技官は、印刷、配布

の継続を何べんも訴えたそうであるが、結局新政権は首を縦に振らなかった。この背景には二つの原因があった。

一つ目の理由は、新政権の教科書観による。教科書などを学校教育制度内で使用することは、過去の遺産を教え込むことにつながるため好ましくない、と考えたのである。新政権は「周りにあるすべてのものが教材である」というコンセプトのもと、調べ学習を重視して、教科書の代わりに図書館の充実をメインとした教育政策を打ち出した。そのため新教科書配布はわずか1年で終了してしまった。

二つ目の理由はもっと単純で、エルサルバドル国内での内戦和平合意を契機として、左翼政党として合法的に政権を奪取したファラブンド・マルティ民族国民解放戦線が、彼らから見てライバル政党が中心となって開発した教科書をそのまま継続して活用する、という決断ができなかったことであった。

しかし、同政権が第二期目となった2014年からこの状況は一変する。教科書は、やっぱり必要であるという方針に切りかえたのである。主に以下の二つの要因が大きかったのではないかと推測される。

一つ目の要因は、第一期目政権の執ったこれまでの教科書を採用しないという選択は、教育現場で実際には受け入れられなかったことである。教師たちは「何もないと教えられない」ため、これまで配布されてきた教科書を使って授業を実施していた節がある。また第一期目政権が約束した図書館の充実にしてもそれほど実施されたわけではなかったため、学校では教材が不足していたことも原因であろう。JICAプロジェクトで開発された教科書も新しい配布がなかったにもかかわらず、図書館や校長室で保管されたものを繰り返し毎年使用して授業をしていたようである。

二つ目の要因は、JICAが開発協力した教科書の外部評価が高かったことである。第一期政権時にキューバから来訪したミッションがJICAプロジェクトで開発した教科書を高く評価。また、多くの国際テストで第1位を獲得しているシンガポール教育関係者が来訪した際にも、教育省は「シン

ガポールメソッド」といわれるシンガポール算数・数学教育経験に興味を示したが、シンガポール側は「日本の支援で開発された教科書があるから（今更シンガポール版教科書は）いらないのではないか」と、回答したようである。

さらに追い風となったのは、国立エルサルバドル大学を中心に数学オリンピックを長くけん引してきたカンフラ氏が第2期政権における新教育大臣となったことである。彼は数学者として算数・数学教育を政策の中に取り込んで行くために2015年から実施されたプロジェクトを活用する。

これ以降の話は、第2次広域プロジェクトにかかわるので最終章に譲ることとする。

2. グアテマラ―協力隊と共に始まった算数協力―
(1)なぜグアテマラで算数の教材開発が始まったのか？

グアテマラは中米広域プロジェクトの中でももっとも成功した国の一つである。グアテマラで全国配布された小学校算数教科書は「グアテマティカ（国名のグアテマラとスペイン語の算数・数学を意味するマティマティカをくっつけた造語）」として国内はもとより、中南米域内でも広く知られるようになっ

協力隊によって作成された教科書および指導書第一版。

---

32) エルサルバドルの才能のある子どもたちの算数・数学学力を向上させるためのプログラム。国内で優秀な子どもは、中南米地域で毎年実施される「数学オリンピック」に出場できる。

第4章　中米諸国への展開

グアテマティカ教科書最終版1年生-6年生。

た。特に1、2年生は書き込み式教科書として、毎年印刷配布されるようになった。

　グアテマティカ教科書が配布されるようになってから、2012年に実施された第3回中南米地域の算数科標準テスト（ユネスコ）で、グアテマラの小学生の算数学力の伸びも確認された。このプロジェクトを始めたのは青年海外協力隊員の活動である。ここでは、本プロジェクトにかかわった協力隊員の奮闘ぶりを見ていこう。

　グアテマラでも、青年海外協力隊員の算数教育支援から算数教育支援が始まっている。JICAは1999年、今後の協力隊事業の戦略化を目指し、教育と農業のシニア隊員を派遣した。教育のシニア隊員は各県を巡り学校教育の実態並びにニーズをつぶさに確認していった結果、小学校算数科の支援が妥当であると結論づけた。

　JICAはその後、小学校教諭を中心とした教育分野の隊員を集中的に派遣し始める。2002年2月には、JICA本部協力隊事務局は巡回指導調査団を派遣。それに続いて同年3月に2代目のシニア隊員となる河澄さつき隊員を派遣した。彼女は教育省の教育開発局付となり、その後の算数プロジェクトと呼ばれた活動の推進役となって活動することとなる。

　当時は算数プロジェクトといっても、相手国政府と正式な合意文書に基

づいて行われたわけではなかった（2004年8月に協力隊チーム派遣として正式にグアテマラ教育省との間での合意文書が結ばれた）。しかし、実質的に算数プロジェクトは「グアテマラの子どもたちの基礎学力を上げ、留年者・退学者児童数を減らしたい」という隊員たちの願いによって、既に2002年からその活動は開始されていたのである。

グアテマティカ教材を使って学習をするグアテマラ国先住民児童たち。

河澄シニア隊員は、算数隊員と呼ばれた小学校教諭の隊員活動を戦略化するため、ソロラ、スチテペケス、ケツァルテナンゴ、サンマルコスの4県にそれぞれプロジェクト活動の中心となるパイロット小学校を教育省側と選定。2003年7月には、4人（内1名ソロラ県に配属された隊員は自己都合により早期帰国）のメンバーが、赴任と同時にそれぞれの県教育委員会に配属された。

当初は、隊員が県教育事務所を拠点とし、県事務所のカウンターパートと共に4校を巡回指導することが主な活動であった。算数の授業を参観し助言を行い、時には教材を一緒に開発したりするなどの活動を展開した。河澄シニア隊員は教育本省と各県事務所との調整に4県を頻繁に出張し、赴任したてでスペイン語でのコミュニケーションがよく取れない隊員をサポートした。このように派遣当初より教室現場に密着して活動を開始した隊員たちは、すぐにグアテマラの算数教育の問題点に気づき、自分たちでできることを模索し始めたのである。

第4章　中米諸国への展開

　まずここで、グアテマティカの生みの親の一人で、長崎県から現職参加した圖師(ずし)由佳理隊員の報告書から、その当時隊員が何を考え活動していたかの一端に触れてみたい。

　「(前略)現場に足を運ぶたびに、現場の先生から『教科書や教材がないから、子どもたちにきちんと教育ができないのだ。だから、教科書が欲しい。教材が欲しい。』という訴えや要望を聞かされ(中略)結局きちんとしたカリキュラムや教科書のない中で、4校のパイロット校での週に多くて1回の授業観察と授業改善のためのちょっとしたアドバイスと、年数回の講習会実施では、とてもではないが児童の学力向上や教員の質の向上など望むべくもない。しかも、算数プロジェクトもグアテマラ政権同様、その任期は第1フェーズ3年と短く、早く行動を起こさなければ何も変わらない。そこで結局予算もきちんと確保されないまま、児童用算数学習帳(1、2年生)に踏み切ることになったわけである。(中略)何とか2004年の新年度配布ができるようにと年末に昼夜を問わず頑張ったわけである」

グアテマティカ教材第一版がソロラ県に初めて到着した瞬間。隊員、カウンターパートともにとても喜んでいる。

　その当時、協力隊チームの中では「子どもの学力を向上させるには適切な教材が必須である」という活動を通した分析が大勢を占めたため、教材開発が計画されていくこととなる。

　この経緯は90年代のホンジュラスでの議論に似ている。まず協力隊が

151

赴任すると、子どもの学力が低いことにショックを受ける。その後、教員の授業が子どもの学びに基づいていないことに気づき、教員の研修が必要であると考えるようになる。さらにその研修は授業を改善し、子どもの学力を高めるものである必要があると考える。しかし、そこではたと立ち止まってしまう。適切な教材がないのである。

国定教科書や市販の教科書は存在するものの、日本人の目から見ると間違いがあったり、問題が必要以上に難しかったり、系統性が担保されていなかったりとさまざまな問題点が目について、そのまま教室で活用しようという気になれないのである。そこで協力隊員は教材を開発したいという欲求に駆られるのである。「どのように教えるか」という教育技術だけでは子どもの学力は向上せず、「何を教えるのか」という教科内容に踏み込まないと学力向上につながりにくいことへの気づきである。その際、90年代のホンジュラスの隊員がそうであったように、教材開発を効率化するためにチーム派遣メンバー隊員が一致団結して活動し始めることとなる。

(2) 隊員が選択した素晴らしい戦略

前述の圖師隊員の報告のように、2003年はまずは1、2年生の「数と計算」領域の教材開発に着手する。彼らの努力により2004年2月には、4県16校のパイロット校に、1、2年生の「数と計算」領域の児童用練習帳と教師用ガイドが配布された。

教材を使った活動が開始された2004年は、プロジェクトにとって2005年以降の活動につなげるとても重要な年であった。その際、チームの採った戦略が非常に優れていた。ここでは二つだけ紹介しておこう。一つ目は、授業を他人に見せることに慣れていないグアテマラ教員のプロジェクトへのコミットメントをいかに高めたか、二つ目は開発した教材を使う良さを如何に知らせたかである。

第4章 中米諸国への展開

先生方への教材試用のための導入研修の模様。これまでの学習指導法と異なり、子どもが量感を身につけることのできる活動を多く含んでいる点など、実践を通しながら解説している。

一つ目から見ていきたい。再び圖師隊員の報告書から引用する。

「果たして、教材やガイドを配布してからの授業観察やそのアドバイスは格段とやりやすくなった。先生たちに教師用ガイドに沿って授業を実施してもらえばよいのであり、授業観察の視点やアドバイスの方向もはっきりしてくる。また授業観察の目的（教材の改訂）を理解してもらいやすい。先生たちも、これまでは自分の授業に対するやり方について突然来た外国人にあれやこれや言われていたが、今後は教材を使って、ただガイドに沿って授業を行えばよいのであり、もしも授業がうまくいかなかった場合の授業

10進法の利点について先生方に解説する圖師隊員。

の良し悪しの責任はガイドとそれらの教材を作成した私たちに押し付ければよいわけである」

丸を数える活動を通し、先生方にそれを実感してもらうように工夫がなされている。

研修会において先生方に指導を行う圖師隊員。教具使用の重要性を、実践を通して先生方に理解されるよう、促している。

　外部者に授業を見られることに慣れていない教師に対して、「教材の改訂目的だから使ってその使用感を教えて欲しい」というのは、授業をする側と助言する側という関係から、教材を試用している教員と評価される側（隊員）という新たな関係を構築することを意味する。それは支援する側とされる側という関係から、上下関係のない協力関係になることである。それは「支援する者、支援される者」関係からの脱却を意味している。

この結果、グアテマラの教員がプロジェクトに参加する敷居を低くすることに見事に成功している。

ソロラ県におけるカウンターパートによる研修の様子。ペットボトルのキャップを教具として使い、先生方にも実際に学習指導法を実践し、理解していただくように構成している。

「(前略)以前に比べて授業観察はとてもやりやすくなった。また、教材を介して先生方との話も増え、信頼関係を少しずつではあるが形成することができるようになった」

実はこの姿勢がグアテマティカを支えてきた大きな要因の一つであった。2004年1月にパイロット校に教材を持って行った時も、「教材を作成してみたので、是非使って試してください」という低姿勢なものであり、受け取ったグアテマラ教師側も、この教材を使って子どもの学力を上げよう、という積極的なものではなかった。それでも、現実的には授業が少しずつ改善する傾向を見せたのである。例えば、圖師隊員が活動していたパイロット校の1年生担任の先生が「10の合成分解を使って引き算を教えたら、これまでできなかった子どもができるようになった」という証言をしている。

グアテマティカは、毎年改訂されてきている。当初開発された1、2年生用教材は、その後第9版まで改善が重ねられた。この改訂は、2004年当

---

33) 例えば13－4の場合は、従来4の次の数5から13になる数を指で数えて答えを出していた。しかし隊員は日本の算数教育経験を活かして「13は10と3、10から4を引くと6、6と3で9」というように提案した。これにより、これまで指を使ってその都度数えながら答えを導いていたのが、10の補数関係(10の合成分解、例えば2と8、3と7というような)を使うことにより一つのシステムとしての計算へと変化したのである。

時は、隊員の「良い教材にしたい」という純粋な願いから実施されたものであった。

ケツァルテナンゴ県フロリリンダ先生の授業。ベテランの先生だが、10の合成分解を使った指導は初めての経験であり、子どもたちの学力向上に驚きを示す。

　チームが取った二つ目の戦略は、教材の有効性を子どもの学習到達度向上のテスト結果で内外に示したことである。このテスト結果の検証に尽力したのが河澄シニア隊員であった。この「教材を使うと学習効果が上がる」という実証データを示せたことは非常に重要で、その後のパイロット校教員のより高いコミットメントを引き出すと同時に、教材の普及に大きく貢献した。事実この調査結果が教育省を動かし、国定教科書として印刷・全国配布配布することを決定させる引き金となったのである。

かさの授業の様子。従来の学習法と異なり、実際に子どもたちが量を体感するように構成されている。

では、次に隊員たちがいかにしてグアテマティカ教材を開発したのか、そのプロセスを見ておきたいと思う。

(3)グアテマティカ教科書の誕生

まずはグアテマラの算数カリキュラム分析から始まった。その際、その能力をいかんなく発揮してくれたのが圖師隊員であった。彼女は首都からバスで5時間程度離れたグアテマラ第2の都市ケッツアルテナンゴ市に配属されていた。よって、教材開発に関する活動があるたびに首都に移動して活動した。

プロジェクト事務所の壁一面には模造紙が張り出され、グアテマラカリキュラムを基にした教材で取り上げる学習内容が付箋で貼られ、その系統性が一目で見てわかるようになっていた。特に隊員が首都で缶詰めになって教材開発に打ち込んだのが、グアテマラ教育省や学校の年末年始休暇の時であった。普通の隊員であれば、休暇を旅行などに利用してリフレッシュを図るところであるが、彼らは違っていた。教育省の教育開発局内のプロジェクトオフィスで教材開発に明け暮れていたのである。

私も彼らの教材開発活動に関しては出張ベースで支援していたが、その集中力とそのやる気にはいつも圧倒されていた。彼らにとって喧々諤々の話し合いとなることは日常茶飯事であった。こちらから「それはどちらの考え方でもよいのではないか」というようなコメントをすると、当時チームを引っ張っていた河澄シニア隊員は「いいえこっちが正しいと思う。どっちでもよいのであればわかるように説明して欲しい」と涙ながらに当方に訴えてくることもあった。それが、協力隊らしく実に爽やかであった。また気概を持って仕事に打ち込む協力隊員がまぶしく見えたものである。

またこんなエピソードもあった。年末ホンジュラスでの業務がクリスマス休暇を前に一段落した時期を利用して、グアテマラに出張したときのことである。プロジェクト事務所で例によって隊員たちが集まって教材開発に

精を出していた。大学新卒の隊員が、「ねえ、せっかくのクリスマスイブなのに私たち何してるんでしょうね」と言いだし、「そうか、今クリスマスか」とみんながわれに返ったとき、河澄シニア隊員は「じゃあ、今日は早く終わって、ちょっと贅沢にホテルに行ってケーキでも食べようか」と返し、隊員が歓声を上げる…。このように3人の隊員が根を詰めて教材開発をするたびに、同シニア隊員は絶妙な心遣いを見せてチームを引っ張っていったのである。

グアテマラでこの時協力隊員が描いていたビジョンが、子どもたちが教科書の内容配列に無理のない理解しやすい学習教材開発と、さらにその学習教材を授業の中で適切に教師が活用できるようにするための教師用指導書を開発することであった。

また学習達成度向上のために隊員が取った手法もユニークであった。サンマルコスに派遣されていた今井陽子隊員は、パイロット校の教員の授業改善のために、県事務所の専属カウンターパートに模擬授業をさせ、担任教師とともにその模擬授業を観察しつつ授業のポイントを解説する手法を取った。実際に観察させること自体も非常に有効であるが、一つ一つの活動に「なぜそうするのか？」を説明することによって、観察者である担任教師が実感を持って理解することにつながる。

グアテマティカ教材を使用した、サンマルコス県教育事務所技官による算数科模擬授業。

第 4 章　中米諸国への展開

教室後方にて、今井隊員がクラス担任の先生に、授業の要点と流れを解説している。

　グアテマラでは2006年4月からの教科書開発の広域協力が始まる前に、既に協力隊のチーム派遣により教科書の原型が1〜4年生まで完成していた。ただ、ホンジュラスの協力隊活動、並びにホンジュラスでの2003年からの教科書開発経験が基になっていたために、はじめからグアテマラカリキュラムに近い形で執筆された。後発のプロジェクトとしての利点を生かしたといえるかもしれない。また、当時の河澄シニア隊員がシニア隊員でありながら局長、次官とコミュニケーションを頻繁に取ってプロジェクトの活動を政策化しようとした動きをしていたことが、その後の国定教科書として

シニア隊員として活動した河澄さつき氏（左）は、その後グアテマラ教育省のアドバイザー専門家として派遣され、パルマス教育大臣功労賞（2014）を受賞。外国人で初の受賞となった。デ・アギラ教育大臣と記念撮影。

認定されるうえで大きな理由となったことをここでもう一度確認しておきたい。

| NOTE | グアテマラ小学生の算数学力が向上 |

　南米チリにユネスコラテンアメリカ教育の質評価研究所という中南米で標準学力テストを実施している機関がある。その機関が2006年と2012年に実施した算数3年生と6年生のテストでグアテマラの成績の伸び率が参加国平均を大きく上回った。隊員が開発した教科書を原型として、その後全国配布されたグアテマティカ教科書を使って勉強した子どもたちのテスト結果である。一概には言えないが、日本の協力で開発された教科書が、グアテマラの子どもたちの学力向上に貢献したといってもよいのではないだろうか（以下の表は同研究所の報告書を元に作成）。

	2006	2012	違い（参加国平均で伸びた点数）
算数3年生	457.1	500.69	+43.59（+31.03）
算数6年生	455.81	487.98	+32.17（+19.04）

3．ニカラグア―授業研究の広がり―

(1)授業研究が教育政策に

　2006年4月、広域算数大好きプロジェクト参加国の一つニカラグアでは、2011年3月まで5年間のプロジェクト「初等教育算数指導力向上プロジェクト」が実施され、小学校算数教科書と教師用指導書が開発された。同教科書は全国配布され全国の小学校で使用され始めた。その後、ニカラグア政府から小学校教員を養成する新規教員養成校の「算数指導法講座」の強化を目的とした「初等教育算数指導力向上プロジェクト　フェーズ2」の要請があり、同プロジェクトは2012年9月から2015年8月まで実施された。このフェーズ2において新規教員養成校を中心に授業研究の普及が試みられた。このプロジェクトでは日本の授業研究現場

第4章　中米諸国への展開

でよく見られるように、「講堂に生徒を集めて公開授業を実施し、周りを数百人の参観者が取り囲み授業見学をし、その後検討会をする」という光景が全国の養成校で見られるようになったのである。なぜここまで授業研究がニカラグアで普及したのか？ここではその導入・普及過程を見ておくこととする。

2014年4月、チナンデガ県ソモティーヨ市での研究授業実践の様子。同県ではプロジェクトの研修に参加した県教育事務所に所属指導主事と教員養成校教員が県内に授業研究を普及した。市のイベントホールに市内の高学年の教員全員を集めて実施した。

| NOTE | 日本の授業研究と途上国の授業研究 |

　日本の学校では、教員の校内研修の一環として授業研究が行われている。授業研究は、簡単に言えば一人の教師が実施する授業をその他教師が観察し、その後話し合う活動を指す。普通、授業者は、授業目標をどのように達成しようと思っているのかという仮説を設定し、授業を計画し、授業を公開することで他の教師に提案する。授業実施後は、授業を実施した教員と参観した教師が集まり、提案された授業の仮説が授業目標達成にどれほど貢献したのか、またはしなかったのかを授業目標に対する子どもの学習の変化をその証拠としながら検討する。

　ここで重要なのは、授業目標が具体的に到達したときの子どもの学習

の変化(例えば〜問題ができるようになったなど)を授業者と観察者が共有したうえで研究を進めること、授業者の提示する仮説は、あくまでも授業目標が達成されたか(子どもが変わったか)という事実によって検証されるという点である。

　途上国で授業研究がうまくいかないのは、授業目標が明確に定まっていないことによるところが大きい。カリキュラムや教科書の不備が見られる場合、教員が授業目標を具体的にイメージできないため、授業目標設定自体が曖昧になってしまい、そのため授業の仮説自体が授業者の考えていることと、観察者が考えていることが異なるという状態となってしまうことが多いのである。

　ニカラグアでは、以前にJICAの協力により教科書が開発済みであったため、途上国で陥りがちな授業目標が曖昧という問題がなかった。そのため授業研究がニカラグア側にスムーズに受け入れらた要因の一つとなったと考えられる。

---

(2)なぜ授業研究だったのか

　2006年4月から実施されたプロジェクトにおいて、ニカラグアでも他国と同様、プロジェクトで開発した小学校1〜6年生算数教科書は全国普及を成し遂げた。そのプロジェクトの後半に、全国8校ある新規教員養成校のうちの1校チナンデガ校において、小学校教員の卵である学生に対して新教科書を活用した「算数指導法講座」のプログラム開発が行われた。ねらいは以下のとおりである。

- 現場で使われている教科書内容を、教師として就業する前までに学生がしっかりと理解した状態にすること。
- 教科書内容を理解したうえで教育実習をさせることにより、ある程度の実践力も身につかせること。

- 上記により彼らが教職に就いたのちは、教科書内容理解のための現職教員研修をする必要がなくなること。

「算数指導法講座」のプログラム開発に先立ち、入学する学生の実態調査が行われた。その結果、入学する学生の算数・数学の学習内容理解に課題があることがわかった。よって、同プログラム開発方針は「学生自ら教科書を使って実際に問題を解いていく学習（教材研究）を通して、学生の算数・数学指導法の理解を深める」になった。

チナンデガ教員養成校教育実習(2014)。教育実習生が個別指導をしている様子。同校では教育実習時に研究授業を実施することとした。

チナンデガ教員養成校で開発された「算数指導法講座」のプログラムは、他7校の教員養成校教員に周知され、全国の小学校教員の卵である学生たちが新しい教科書内容の教材研究をある程度実施したあとに、小学校教員として勤務するという形態が全国普及するに至ったのである。

しかし、新規教員養成校で実際に学生を教えている教員の中から「実際の授業風景を見る機会がないと新教科書を活用した授業のイメージがつかめない」というコメントが寄せられるようになった。

2013年7月、マナグアの教員養成校において初めての授業研究に関する研修が開催された。全国8校の教員養成校教員30名が参集。以前チナンデガ教員養成校でプロジェクトで活動し、その後レオン市の教育委員会で活動していたフレディー氏とマタガルパ教員養成校のマリン氏が公開

授業を実施したのである。当日は、同校講堂で学生相手に、教員養成校「算数指導法講座」の小学校2年生と4年生学習内容に関する公開授業が行われた。周りには全国から参集した教員養成校教員はもとより、同校の学生も参観した。当時プロジェクト専門家であった中山恒平専門家は以下のように当時を述懐している。

「普通は授業を公開することに対して抵抗があるものですが、この時は2名の教員が率先して授業を公開したいと言ってきました。両名とも本邦研修で筑波大学附属小学校の公開授業をみたり、日本の授業研究のビデオを目の当たりにしてきたりした経験を持っています。そのイメージがあって、公開授業に対してあまり抵抗がなかったのかもしれません」

そうはいっても、自分の教え子たちである学生が見ている中で公開授業をすることに抵抗がないはずはない。なぜ彼らは率先して学生の前に立って公開授業をする気になったのであろうか。中山専門家は、こう続けた。

「教員養成校の数学の先生たちとは、それ以前に多くの研修でご一緒していました。小学校学習内容や指導法に関する理解はかなり進んでいたと思います。よってさまざまな場面を通して彼らに対して『皆さんはこれからニカラグア全土にプロジェクトの成果を伝える伝道師の役割を担っている』『皆さんにはそれだけの能力がある』と言い続けていました。さらに、それまでの研修と随伴指導を通して人間関係ができていたことも大きな要因であったと思います」

同研修会後に取ったアンケート結果では以下のようなコメントが多く寄せられた。

- みんなで知恵を出し合って協力して授業を改善する重要性が身をもって実感できた。
- これまでは自分の勤務校内だけの人間関係であったが、他校の先生方と授業改善について話し合う場が持てたことが非常に新鮮であった。

マタガルパ教員養成校で研究授業指導案検討会の様子(2013)。左が中山算数教育専門家。

2014年4月30日、エステリ教員養成校における校長による研究授業（複式）、同教員養成校は将来複式学級の教員となる学生を多く受け持つことから、複式学級での算数指導をテーマとした研究授業を実施した。元数学教員である校長自らが養成校学生を目の前にして授業を行った。

　その後、プロジェクトからの呼びかけで各教員養成校で年1回は授業研究をしてみようという合意がなされ、以降教員養成校教官が学生を相手に「算数指導法講座」を教官と学生に対して授業公開するスタイルが確立した。

　中山専門家は当時の全国の教員養成校に広がった授業研究を目の当たりにして以下のようなコメントを残している。

　「いろいろな授業研究に参加しているうちに『ニカラグアすごいな』と思ったことがあります。それは授業公開後の分析会で、学生が教官に対して堂々と授業改善のための意見を言っていたことです。もっとすごいのは、

授業公開した教員が何の抵抗もなく学生の意見を聞いていたことです」

　日本の教員養成大学の教官が、学生に自分の授業を見せること、それに対して学生が発言するコメントを聞くこと…、日本でもなかなか見ない光景であろう。ニカラグアでの授業研究を実施する先生の度量の広さと、学生が自由に発言できる授業研究の雰囲気。中山専門家は以下のように付け加えた。

　「教員養成校の教官に対しては『授業研究ではこれまでの研修で培った知見を実際に授業でやって見せよう』という意識を徹底させました。つまり口で言ってもわからないけど自分がやって見せれば一見してすぐに理解できる、と。そして『授業研究とは他人のよいところを発見する場である』ということも徹底しました」

　「教員養成校での授業研究は当初数学担当官のみの活動が想定されていましたが、教育省教師教育局は数学科での授業研究の成果を目の当たりにし、公式に教員養成校全教科での授業研究の実施を決めました。さらに教員養成校では学生たちへの広がりも見せ、教育実習期間中に授業研究を行うことを自発的に校内制度化する学校も生まれました。教育実習生を受け入れ実際に授業研究を行った指導教員からは『本来であればこちらが教えなければならない立場であるけれども、授業研究を通じて養成校学生から逆に教えられることの方が多い。こちらも精進しなけ

2014年5月14日、ヒノテペ教員養成校では他校に先駆け校内に研修部を組織し、組織だった授業研究を実施した。また、教育実習生を受け入れる小学校の教員を対象に授業研究の普及に取り組んだ。写真は同普及のための研究授業。

れば』などといった反響が寄せられました」

(3)授業研究を現職教員研修に

　これら教員養成校での授業研究に関する一連の動きをじっくりと観察していたニカラグア教育省は、ついに現職教員研修の一環として正式に教育政策の中に授業研究を導入することを決定した。

　2014年7月、全国から140名の参加を得て授業研究の全国普及のための導入、研修を実施した。教育省の授業研究導入には以下のような理由があった。

- プロジェクトが開発し全国配布している小学校算数教科書の活用と促進のためにカスケード型研修を実施したが、教室現場で授業改善が見られない。
- プロジェクトが開発し、既に全国普及した小学校算数教科書の利用促進を一層促す必要がある。
- 月1回の現職教員研修の活性化。
- 教育省予算が緊迫した中、お金のかからない授業研究手法であること。

　中山専門家は述懐する。

　「正直、教育省が授業研究を教育政策の一環として全国的に導入するとは思っていませんでした。これはプロジェクトで活動していた教育省メンバーが上司に対して働きかけたことも大きいかもしれません。彼らは教員養成校での授業研究導入効果を目の当たりにしていますからね」

　前記研修後、全国的な授業研究の普及に教員養成校の数学教員が果たした役割は大きい。各地に散らばる教員養成校教員は、自分の居住する地区での小学校教員間での授業研究普及のために尽力したのである。

　2014年7月の授業研究導入から1年間の授業研究実施実績は全国153市中108市で全国教員の半数以上の12,000人以上の教員が授業研究に参加している。

2014年8月15日、トリニダー市Divino Niño小学校、プロジェクト研修に参加した指導主事が担当地区に普及し実施に至った。同市は2015年に作成された国営チャンネルの授業研究紹介ビデオの撮影にもかかわった。

2015年5月12日、Matagalpa教員養成校、授業研究本来の目的に加え7月から教員実習を行う3年生の学生に対して授業研究実施の模範を示した。

2014年10月15日、マタガルパ教員養成校での理科の研究授業。同校では他の養成校に先駆けて社会、音楽、体育などの他教科への広がりを見せた。

【第4章のまとめ】

エルサルバドルで広域プロジェクトが始まる前年の2005年から2009年まで。

- 広域プロジェクト以前より、実質的な協力が始まっていた。
- 2005年広域プロジェクト前年には、既にプロジェクトで開発される教科書は全国普及を前提としたものとなっていた。
- 広域プロジェクトでは、出張ベースでの技術支援と現地に張り付き型の業務調整専門家のチームプレーが想定されたが、(第3章で触れたように)技術支援内容がより複雑になってきたことにより、想定した出張ベースでの技術支援は難しくなってきて、業務調整専門家の想定外の活動も必要になってきた。

2002年から主に2006年、グアテマラで広域プロジェクトが始まる前の協力隊チームの派遣。

- シニア隊員1名+協力隊3名の合計4名の協力隊チーム派遣で小学校算数1～4年生の教科書を開発。
- 協力隊事業のアキレス腱であった教育政策との連携をシニア隊員が担った。
- 開発教科書を使用した学習改善インパクトを教育省側に示すことによって、全国配布に結びつけた。

2012年から2015年、ニカラグアの広域プロジェクトで小学校算数1～6年生教科書が全国配布された後のプロジェクトでの授業研究。

- 識の高い小学校教員養成校数学教員を中心として、授業研究を普及させた。
- 教育省はその効果を確認してから、現職教員に対して授業研究を普及することを決定し政策化した。
- 授業研究手法は、教科書を使って如何に授業を行うかという実践能力向上に有効である。

【コラム】中米と日本の算数学習内容の違い

割合を表す分数で足し算!?

ホンジュラスをはじめとする広域協力参加国では、分数の導入をピザを使った教材でやることが多い。その後、同分母の分数の足し算を導入するのであるが、その際ピザを使って以下のように教材化することがある。

> 例題：ホセはピザの$\frac{1}{4}$を食べました。マリアはピザの$\frac{2}{4}$を食べました。二人でどのくらいピザを食べましたか？

スペイン語を話す国では分数が生活場面でよく使われる。特に$\frac{1}{2}$と$\frac{1}{4}$は分数としてというより、生活場面で実際の量を表す表現として使われることが多い。例えば牛乳などは「$\frac{1}{2}$リットル」を普通に「メディオリトロ（1リットルの半分）」と表現する。また1時15分、1時30分、1時45分をそれぞれ「1時と（1時間の）$\frac{1}{4}$」「1時と（1時間の）$\frac{1}{2}$」「2時の（1時間の）$\frac{1}{4}$前」と表現する。前者の牛乳などの飲み物の$\frac{1}{2}$リットルは、実際の量を表す分数であり、後者の「1時と（1時間の）$\frac{1}{4}$分」は1時間を四つに割った一つ分という意味で、全体量を1時間（60分）とみるという意味だから割合を表す分数ということになる。

では、どちらの分数で分数概念を導入することが適切なのか？これは議論が分かれるところである。日本では実際の量を表すはしたの数として分数を導入していたが、2008年の学習指導要領改訂により、2年生で「$\frac{1}{2}$、$\frac{1}{4}$など簡単な分数について知ること」が、実際に折り紙などを折る活動を通じて、分数の意味を実感的に理解できるようにすることをねらいとして扱われることとなった。この場合は、実際の量を表す分数としてではない。生活場面で扱われる表現の一つとして学ばせるのである。

広域協力参加国でも、分数の導入に関して、かなり話し合いを持った。ピザをカットする場面では分数を使うことがあるものの、$\frac{1}{4}$は前述のような問題場面の場合子どもにとって「一切れ」、$\frac{2}{4}$は「二切れ」として認識されることも多いため、前述の例題の場合は「三切れ」となる

可能性もある。また2枚のピサの大きさが異なる場合も、足せてしまうという誤解を招くこともある。

　分数はその意味が多岐にわたるため、分数の意味をどのように導入するのか、というテーマだけでも、多くの時間をその検討に充てる必要があったのである。

第5章

第2回広域中米算数・数学協力が始まった
―世界との学び合いの場を求めて―

1. また中米で協力ができる！

「また中米で算数協力プロジェクトが立ち上がるよ！」

突然JICA本部で、村田敏雄専門員が私を呼び止めてこういった。初めは何のことがわからなかった。JICA本部で国際協力専門員[34]として働き始めて、既に6年の歳月が流れていた。自分が担当する教育関連プロジェクトは、アフリカ・アジア・中近東地域だけで、中南米地域の動向はまったくフォローしていなかったからである。中南米地域ではもう教育関連プロジェクトにはかかわれないのではないか、と半分あきらめていたため、この話は寝耳に水と同時に非常にうれしいニュースでもあった。

JICAにとって中南米地域はアフリカやアジア地域と比べて、正直なところ協力対象地域として、それほど重視されているとは言えない。これは中南米地域の経済発展の度合いとアフリカ地域のそれと比べてみると納得がいく。アジア地域は、GDPなどの経済的発展度合いだけで比べると中南米地域より低くはないが、地理的にも日本に近く国民の関心や民間企業などのつながりが強いため、協力対象としては重要な地域と捉えられている。さらに中南米地域の小中学校の就学率は非常に高いため、「もう中南米地域で基礎教育に対する協力は必要ない」という雰囲気すらあった。もちろんPISA やTIMSSなどの結果を見ると、中南米地域で日本にもよく知られており、発展しているチリやメキシコといった国の学力水準は、思いのほか低いのであるが。

前述のように同地域では、青年海外協力隊事業を主に展開していた90年代から、「算数・数学教育はJICA（日本）」と、教育省関係者はじめ他のドナー関係者からも言われるようになった。現在までそのような声が絶えることはなかったのである。

それは、算数・数学教育関連の協力隊が継続的に派遣されていること、

---

34) JICA が実施する各種事業において、国内外の事業関係者に対し、計画策定・実施・評価に関する指導、助言などの業務を行い、また調査団や専門家として海外での業務に従事することもある。

中南米地域を対象とした日本での研修が継続的に実施されていることに加え、現在でも日本の協力で開発された教科書が実際に活用され続けていることが大きいと推測される。当時一緒に活動したカウンターパートが、教育省または大学で継続して勤務していることもその理由の一つであろう。

また2015年は日本と中米の外交関係80周年にあたる年であり、日本の中でも今後の中米地域とのよりよい外交関係の発展を希求することが再確認されたことも、今回のプロジェクトの再立ち上げを後押しする形となった。

2. プロジェクトをどのように策定されたか？

今回の中米4カ国のプロジェクト策定に対しては、先回と同様、広域的な協力を目指していくことで既に合意が形成されていた。これは先回の広域化が同地域で成功を収めたことや、中南米地域での教育プロジェクト数の減少に伴い、スペイン語を操る日本人教育専門家が他地域の専門家として働いていたこと、彼らが他業種に転職したりして、特に算数・数学教育専門家の数が不足していることなど、日本側の台所事情も影響している。

また今回は、広域の拠点国をエルサルバドルに置く方向で調整することで合意した。先回の広域プロジェクトでは小学校算数科を中心として協力したが、今回は中等教育課程レベルの数学教育を中心として協力すべく案件策定を開始した。当初、JICAエルサルバドル事務所を通して、エルサルバドル教育省と要請のすり合せを実施した。

その後、旧知の国立エルサルバドル大学数学科のカンフラ教授が教育大臣に就任。同大臣は、政権交代までに1〜6年生教科書の改訂と、7〜11年生までの数学教科書の開発を希望。さらに、大臣自らがプロジェクトに強い関心を持っていたことによって、実施体制や具体的な成果物、期日などをJICA側と交渉。最終的にはプロジェクトダイレクターとして[35]、大臣

---

35) JICAで実施するプロジェクトでは先方政府側の然るべき役職の者がプロジェクトダイレクターとしてプロジェクトの責任者となる。

の右腕として省内で絶大な力を持つアギラ中等教育局長を指名し、大臣はプロジェクトの会長職[36]となった。大臣がプロジェクトのエルサルバドル側最高責任者となることで、本プロジェクトは大臣直轄プロジェクトとして、本政権下で非常に重要なポジションを占めるに至ったのである。

　しかし、問題点もあった。現政権の政治日程に合わせることでプロジェクト日程が非常にタイトになったのである。大臣は2018年度の1〜11年生（小中高）の教科書全国配布を希望していた。なぜなら本政権には、2019年大統領選挙を迎えるため、与党としてすべての教科書の全国配布を終えてしまいたいという思惑があったからである。当方からは、それは物理的・技術的にとても無理であり、その日程で教科書開発は難しい旨を再三主張した。しかし、現政権は期間内の1年半で1〜11年生の教科書、問題集、教師用指導書を開発し終わることを強硬に主張した。他国でのJICA教科書開発関連プロジェクトでは、1年で1学年の教科書を開発する日程で案件が組まれることが多い。1年半で11学年分の教科書開発をするという日程は、あまりにもタイトなスケジュールできわめて異例である。しかし、先回の政権交代で教科書がお蔵入りした経緯を思い起こし、少なくとも現政権の間で全国配布することができれば学校現場で継続して使用される確率が高まるのではないかと考え、最終的には1〜9年生教科書を2018年全国配布、2019年に10〜11年生教科書を全国配布で何とか合意を取り付けることに成功した[37]。

　以上のような経緯を経てエルサルバドルでは2015年11月15日、ニカラグアで算数教育専門家として活躍した中山恒平算数・数学教育専門家が赴任することでプロジェクトが開始されたのである。

---

36) 通常のJICAプロジェクトでは会長職はないが、今回は先方のたっての希望からダイレクターの上に設置したもの。
37) ただし種々の事情により、1〜11年生教科書の全国配布が一律2019年1月に変更となった。

3. 新しい広域プロジェクトの意味

　エルサルバドルでのプロジェクト詳細策定調査報告書（一部修正加筆）から引用する形で、今回の広域プロジェクトの意味をもう少し考えておきたい。

(1)算数・数学学力向上の前提条件が整う案件設計

　今回のプロジェクトでは、前フェーズで開発された1～6年生算数教科書の改訂、並びに7～11年生数学科の教科書開発を実施することによって、1～11年生の算数・数学科の教科書が系統性を担保した形で完成することとなる。さらに、新規教員養成並びに現職教員研修における研修モジュールも、新カリキュラム並びに新教科書に準拠する形で開発されるため、効率的な学力向上のための教科教育基盤が整備されることとなる。本案件終了後は、エルサルバドル教育省自身が新教科書・新指導書に沿った授業・学習改善を目指した取り組みを継続することにより、学習者が算数・数学学習を効果的・効率的に実施することが可能となる。

　「JICA教育協力ポジションペーパー（2015年10月）」にそえば、学力評価に関しても新カリキュラムに準拠する形で改訂することが必要となる。本件に関しては、エルサルバドル政府は案件要請段階で課題意識を持っていなかったため、本案件内に取り込むことはできなかった。よって学力評価改訂に関しては、広域活動の中でカウンターパートが学習する場を設けることにより、問題意識の醸成並びに改善を図っていくこととした。

　案件終了後は、新教科書と新指導書が整うため、新カリキュラムに準じた共通の授業目標がすべてのステークホルダーに共有されることとなる。よって、日本の得意とする授業研究などの校内研修型アプローチも効果的となるため、適宜導入してよい。（p.160「3. ニカラグア─授業研究の広がり─」参照）

(2) JICA新理数科協力戦略

　本案件設計は、90年代から続くJICAの理数科教育協力戦略「指導法を改善することにより学力の向上を狙う」という従来のアプローチとは異なる。「教科教育内容の改善から学力の向上を狙う」アプローチである。このアプローチは従来型アプローチで常々指摘されてきた教訓をベースとした仮説に基づいている。

　その特徴は、考え方の拠り所を「教師の指導法改善（従来型）」に置かず、「学習者の学習」に置くことにより形成される。学習者の視点に立てば、現行カリキュラムの系統性の担保されない学習内容と、必要以上に複雑な数字を使った学習内容を学習することによる学力改善プロセスの弊害を取り除くことができる。学習内容の目標を明確化し、系統性を担保しつつ、目標達成の効率化を狙った平易な数字を使った教科書の開発は、学習者の効果的・効率的学習実現の可能性を広げる。

　では教師教育の面からはどうであろうか。途上国において学習者中心の指導ができる教師の育成は大変難しい。であるならば「途上国教師が既に慣れ親しんできた指導法で受け入れ可能な学習改善メッセージを、可能な限り学習者にやさしい学習内容で具体的に教師と学習者に提供するというアプローチ」が考えられる。これは一見同じことを言いかえているだけ、ともいえる。しかし、教師へのメッセージが大きく異なる。

　従来：教師に対するメッセージ「教師は指導力を向上させましょう」

　今回：教師に対するメッセージ「学習者が学習到達度を改善するためにはどうしたらよいでしょうか」

　前者の主語は「教師は」であり、後者の主語は「学習者が」である。前者は直接的なターゲットが教師であるが、後者は学習者である。よって、前者の評価対象が「教師の授業での行動」であるのに、後者は「授業での学習者の学習到達度」となる。後者では、教師はプロジェクトと共に、学習者の学習到達させるために一緒に活動する謂わば「同士」で

ある。前者のような「プロジェクト対象者」ではない。この差は、教師にとって大きい。

　教師の授業実践力を向上させるには人一倍の努力が必要なことは、日本の教師であれば誰でも骨身にしみて知っている。もちろん授業がうまい教師に教えられた子どもの方が幸せに決まっている。しかしだからといって、授業のあまり上手でない教師に教えられた生徒の学力が一律低いわけでないことも事実である。逆に、授業のうまい教師に教えられた生徒の学力が一律に高くなるかというと、そうとも言い難い。学習効果向上のための要因として、教師は重要であるがすべてではない。

　であるならば途上国の現状に鑑み、なるべく教師の授業能力に左右されないよう、学習者が効率的に学習できる学習教材を開発し提供するアプローチも考えられてよい。授業の良し悪しによって学習プロセスの善し悪しが左右されにくい学習環境の提供を、積極的に検討すべきであろう。

　日本の義務教育レベルが平準化され、一定の高いレベルを保っている理由の一つに、教科書や教材の質の高さがあると言われる。それならば、途上国の大多数の教師が展開できる授業レベルに則った教科書を編集することにより、毎日の授業と学習の質が担保される可能性を探るアプローチがあってもよい。毎日の学習の積み重ねが学力向上に貢献することを押さえておきたい。

　では、学力向上に寄与できるようなエルサルバドル人教師が実際に行っている効果的・効率的授業形態は存在するのだろうか？今回の調査において、エルサルバドル人が自ら開発し実践していると思われる、学力向上に寄与するだろうと期待できる授業形態とそれによって形成される学習形態を視察することができた。それは国立エルサルバドル大学で毎土曜日実施されている数学オリンピック出場を目指した児童・生徒が受けている授業である。その授業形態は、日本の中学・高校の数学授業のそれに非常に近く、その特徴は「学習者の個別学習の時間が非常に長く設定されている」

こと、「生徒同士が教え合いをしていること」にあった。個の学習時間が長いこと、生徒同士の教え合いが成立していることが学力向上に寄与することは、彼らが国際的な数学オリンピックで結果を出したことからもわかる。また、この形態で授業実施することはそれほど難しい技術を要しない。本講座の教師は数学科専攻の学生アルバイトが主であり、専門的な教育学の知識や実践力を有していなかったことを考えると、この授業形態を全国に広めることは可能であろう。この"学習到達度向上の結果が出ている"国立エルサルバドル大学の実践形態をベースに教科書と指導書の編集をすれば、教科書と授業実践の乖離を大幅に縮小できると考えた。

唯一日本との違いは、生徒が取り組んでいる学習課題の質であった。エルサルバドルのそれは、各設問の系統性・明確な目標設定がそれほど担保されていないため、各学習内容が有機的に結びついていない。よって学習者にとって自力解決をする場面で、直近の既習事項を活用して新しい問題を解くというアプローチが必ずしも活用できるとは限らない。各問題の目標設定を明確化し、系統性を担保すればスムーズな既習事項の活用が促進され、より効率的に学習効果が発現することが期待できる。

この国立エルサルバドル大学での実践は、授業時間内で個別学習時間確保が可能であることを我々に示してくれた。国内の学校教育現場でも同様の授業実践を、系統性のとれた適切な学習内容を保証する教科書を使って実践できれば、学力向上という明確な結果がある程度短時間で発現可能ではないだろうか。

もう一つの特徴であった「生徒同士が教え合いをしていること」に関しては、もう少し調査しつつその導入可能性を探りたい。要は、教師が形成的評価[38]の意味を理解し、学びの保障のために何を実践すべきかを考え始めるようになれるかどうかの問題である。

---

38) 教育活動のプロセスにおいて、目的が達成されつつあるかどうか、または達成しつつないのであれば活動修正をする必要があるか、を知るために行う評価活動のこと。

学力向上のためのもう一つクリアしなければならない前提条件は、教師の学力と学習者の学力との相関関係である。前記の国立エルサルバドル大学での講師は、指導法が稚拙であったが、学習内容をよく理解していた。教師の学力が学習者の学力と相関関係があることは自明の理であるため、この条件はクリアしなければならない[39]。よって新教科書の内容理解を教師に徹底する必要がある。

　本案件で採用された戦略を単純化すると以下のようになる。
1）系統性の整った良質な教科書の整備。
2）教師用指導書では、授業時間内での個の学習時間の保障という観点から、説明・発問・個別学習・答え合わせ・やり直しなどのメッセージを教師がわかるように記載することにより、ある程度授業展開を単純化して導入する。
3）教師教育に使用するモジュール教材は、新教科書の学習内容（特に目標と系統性）を徹底的に理解してもらうように編集する。

　本戦略を徹底的に推進することによって、学力向上要因のベースを教科教育の面から構築することが可能となると考えた。

(3) 学習到達度改善までの介入プロセスを検証できるフィールド

　広域的な視点での面的な広がりも大切であるが、教科教育の基盤が整った国に対して、どこまで学力向上プロセスをプロジェクト内で担保することができるのか、その必須条件や介入条件は何であるのかを徹底的に洗い出す絶好の機会がエルサルバドルにはある。
1）算数・数学科学力向上のための要因と、その介入手順を明らかにすることができる。「学びの質改善」への一つの具体的な戦略として世界に提案することができる。

39）ホンジュラスで実施された「算数科指導力向上プロジェクト2003-6」が実施したフィールドリサーチでも確認されている。

2）エルサルバドルでの教訓を他国に応用することで、効率的な算数・数学教育協力プログラム構築が可能となる。
3）技術協力プロジェクトのスキームを使った協力以外にも、世界的・地域的ネットワークを駆使した「学び合い」の場を使って、途上国政府および他ドナーに対してもそのノウハウの提供が可能となる。これは、世界的な算数・数学科学力向上に、日本が寄与できることを意味する。これらの活動を通した協力は、新しい教育協力の可能性を我々に示唆する。

(4) 主要カウンターパートの徹底的な能力向上の必要性

複数回教育省並びに国立エルサルバドル大学数学教官と技術的な理解と戦略について話し合う機会を持った。これらの話し合いを通して、以下に関して共通理解が必要であると感じた。特に国立エルサルバドル大学は、前回のプロジェクトには不参加であったため、今回の調査で可能な限り当方の考え方を提示しつつ、彼らの考え方を知り早い段階で共通理解を取りたいと考えた。
1）教科教育における社会的構成主義の実践とは
2）教科教育における系統性、特に目標を明らかにした学習内容（設問）の考え方とは
3）学力向上を目指した個の学習時間の保障を通した授業展開とは

その手法として、特に実際に日本人専門家が授業を公開してエルサルバドル人に実際に見てもらう活動をプロジェクトに組み込むことが非常に重要であると感じた。さらにワークショップを定期的に開催して、「学習内容の系統性」の理解促進を図る必要がある。ベースとなる理念の共有化を、抽象概念ではなくより具体的な教科教育で語っていくことが重要と考えている。

(5) 広域的な学び合いプラットフォームの形成

本案件は中米広域数学教育協力としてのフェーズ2にあたる。そのビ

ジョンは以下のとおりである。

1) 技術協力プロジェクト後、「学び合い」の場を継続的に実施できるプラットフォームを既存のネットワーク内に構築することにより、「支援する側・される側」という関係から「協力関係」を構築することを目指す。

2) 今回の協力対象国以外の中米地域全体がwin-winの関係になるような活動を設定する。すべての関係国が「学び合い」プラットフォームの"うまみ"を感じることができるようにすることが肝要。具体的には、広域セミナーの実施をベースとした、算数・数学教育関連テーマの学び合いの場を設定する。例えば、技プロに内部化できなかったアセスメント関連の学び合いは必須である。特に学力向上にフォーカスした学び合いの場を設定したい。

3) 次に、中南米地域全体（スペイン圏）の中での学び合いの機会を提供する。上記広域セミナーはもとより、中南米地域の数学教育学会での発表、地域の国際シンポジウムなどへの積極参加を奨励する。中南米地域の青年海外協力隊のカウンターパートとの連携を図ってもよい。

4) 最後に、国際的な学び合いの機会を創出する。例えば、前回広域協力時にポスターセッション（研修形式の一つ。研究内容をポスターにまとめて掲示し、参加者に説明する）に参加した国際数学教育学会や中南米地域の数学教育学会などへの参加など。

中長期的には、中進国をも含めた学び合いのプラットフォームへの技術支援も含めた、二国間協力以外の技術協力関係促進のための枠組みの創出も考えられてしかるべきである。特に日本の算数・数学教育は世界的に見ても比較優位性が高く、その技術は米国を初め先進国にも受け入れられている。二国間での要請主義、重点分野戦略などだけに縛られずに、大所高所から地域に対して「日本の何が必要とされており、それが

協力可能なのか」という視点が欲しい。将来的には、三角協力[40]を視野に入れた効率的な協力体制の構築が望ましい。

4. 再度の広域プロジェクトの進捗
(1)高校数学教科書開発

先般の2003年から開発された小学校算数教科書、さらには日本の支援を受けつつ独自に開発した7～9年生数学教科書が存在するホンジュラスでは、小学校レベルでの教科書全国配布と、中学校レベルでの米州開発銀行資金による基礎教育学校への配布が既に実施されている状況であった。

2011年から東京都の数学教師であり、1990年からホンジュラスで協力隊として活躍した木村栄一数学専門家が、日本の夏休みを使って短期専門家としてホンジュラスに派遣された。ホンジュラス側が開発した中学校教科書内容に関して、数学的な間違いやより適切な学習内容への改訂支援を実施し、中学校数学教科書の改訂版が2015年には完成した。しかし、木村専門家によると、系統的に不適切な箇所や学年間での学習量の軽重などの問題が指摘されていた。このような課題に関しては、ホンジュラス側と既に共有されており、新しいJICAプロジェクトを要請するにあたって、ホンジュラス側での中等教育課程のカリキュラム改訂を実施することが決定された。

2015年7月に実施された新プロジェクトの詳細計画策定調査では、ホンジュラス側の要請どおり、既に開発済みの中学校数学教科書を新カリキュラムに準拠させる改訂と、新たに高校数学の教科書開発に対する協力支援が要請された。JICA側は、原則的にホンジュラス側の提案を妥当と判断した。これにより、1998年世界銀行プログラムにより構成主義をベースとした新しい学力観に立った算数・数学カリキュラムの「試行版」がようやく

---

[40] 開発が比較的進んでいる途上国が、自国の開発経験や人材などを活用して、開発が進んでいない途上国に対して援助を実施するのが「南南協力」。その取り組みを先進国などが支援するのが「三角協力」。

改訂されることとなった。JICAの新しいプロジェクトを実施することを契機に、系統性の担保並びに学年間の学習量の軽重の軽減措置がなされ、ようやく生徒により学びやすいカリキュラム・教科書開発へとホンジュラス教育省の舵が切られたのである。

この背景には、JICA側が2003年から本格的に算数・数学教育にプロジェクトベースで協力し始め、2010年に中米広域プロジェクトが終了したあとも、ホンジュラス教育省に対して働きかけを続けたことが挙げられる。政策アドバイザーとしてプロジェクトで算数専門家として活躍した阿部しおり専門家、ニカラグアでの広域プロジェクトの立ち上げに貢献した中原篤史専門家を継続的に派遣しながら、ホンジュラス側の算数・数学教育分野への協力を継続してきたことが大きい。また政権交代により政策の継続性が担保されにくいラテンアメリカ諸国において、現在の国民党が2期にわたり政権を継続したことも幸運だった。国立教育大学数学科教授出身で、JICAによる算数・数学教育協力の主要カウンターパートとして手腕を振るってきたエリア・デル・シッド教育技術副大臣が、阿部・中原両専門家のカウンターパートとして教育省内で継続して執務していたことも、ホンジュラス側が現行カリキュラムを見直す決定を下すに至った原因と考えられる。

2015年11月、東京都の高校数学教員を同年3月に退職し、退職後の人生を国際協力分野にささげようと意気盛んな木村数学専門家が、ホンジュラスに赴任した。ホンジュラス側は、今般のJICA協力に対して教育省から専属の数学科教科書執筆のためのカウンターパートを複数名正式任命、国立教育大学からも数学科から専属のカウンターパートを正式任命した。これにより、中学校の数学教科書の改訂、並びに高校の数学教科書開発をするための実施体制が整った。既にホンジュラスは算数・数学教育政策を実施しており、特にエリア副大臣は教科書執筆者に必要な能力レベルに非常に高いものが求められることを熟知していたため、実力のある数学教員を現場から教育省へと出向させる決定を下した。2003年

当時初めて算数教材開発コンポーネントを持つプロジェクトを策定する際、ホンジュラス側が教材執筆者の任命を渋ったことと比べると隔世の感がある。JICA側がこれまでホンジュラス側に対して繰り返してきた「ホンジュラス側人材強化の必要性」が、血肉となってホンジュラス側に浸透してきた証しでもあったと思う。

(2)学び合い

　エルサルバドルを拠点とした今回の広域プロジェクトは、「学び合い」の場を提供しながら、すべての参加者が学び合うことを模索することとなった。これにより「教える側と教えられる側」という垣根を取り払うことができる。すべての参加者が学べる場を広域セミナーとして設定し、2016年12月に第1回セミナーをエルサルバドルで実施することができた。このセミナーでは、学びの改善のための教科書の質、特に教科書や評価に使われる設問の質の重要性に関して、具体的に経験を共有することを狙った。さらにエルサルバドルは、ユネスコからラテンアメリカ地域で実施されている地域テストに関する講演と、コスタリカから世界数学者会合関連の国際的な算数・数学学会に関する情報提供を得て、参加者に対する将来的な展望を持ってもらうことに努めた。

2016年12月第1回広域セミナー全体会。エルサルバドル教育省職員によるプロジェクト概要説明。

2016年12月第1回広域セミナー。中学校分科会でエルサルバドル教育省職員による数学教科書内容に関するプレゼンテーション。

(3)エルサルバドルのカウンターパートは24人

　今回の案件策定が、非常にタイトな教科書開発日程になったことは前述した。しかし、教育省側はそのタイトな日程でも教科書開発を可能とするように、日本側に「カウンターパートは何人必要なのか？」という聞き方をしてきた。要は「日本側が日程に間に合うように教科書を作るために何人必要なのか？」という意味である。最終的には21名の教科書執筆者が任命された。その中には、国立エルサルバドル大学数学科最上学年である5年生の優秀な学生4名（午前中勤務し、午後から大学）のパートタイム

小学校算数教科書作成のための教材研究の一場面。

も含まれていた。2016年10月の時点で、3名増員し24名が教科書執筆に携わっている。

(4)教科書開発を通した学力向上

　現在プロジェクトでは、教科書開発を中心に、まずは教科書内容の充実を最優先に取り組んでいる（2017年3月現在）。単元指導計画を作成し、単元の目標とその学習内容の範囲を明確化する。その後、一つ一つの授業案を教科書のページに落とし込んでいくのであるが、その際各授業の目標が達成されたかどうかを評価できる設問づくりを重視した。教師や生徒自身が一時間ずつの授業成果を具体的な設問で確認できるように配慮した。授業の目標と設問の目的が一致しているのか？に関してはかなりの時間を割いて教育省の算数・数学技官と議論した。その後、教科書の紙面づくりとなるが、その際教育省技官が執筆した教科書原案を授業の流れ、その学習量、数字の使い方、言葉遣いとあらゆる観点から検討する。特にエルサルバドルでは、難しい数学用語を早い時期から教えようとする傾向が見られたため、それは算数・数学学力にどのように関係するのか（言葉を覚えることはどれほどの重要性があるのか）、をよく考えてもらうようにした。

　教科書の次は問題集に取り掛かる。教科書で設定された各授業の目標に合わせて作問していく。その際、やさしい問題からより難しい問題へと問題を並べる。さらに活用問題も掲載する。経費が掛かりすぎるため教科書は生徒一人一人に毎年供与することができない。よって教科書は3年間学校に貸し出すこととし、単価の安い白黒印刷の問題集を毎年すべての生徒に供与することとした。この措置により問題集は自宅に持ち帰ることができるようになるため、教科書に掲載した「まとめ」を問題集にも掲載することとし、自宅で学習する際にわからないときには見直せるようにした。

第3サイクル(7〜9年生)の会議の様子。週1で会議を設け、進捗確認と系統性の確保のための学年間の学習内容調整を自主的に行っている。

(5)カウンターパートの能力向上のジレンマ

　日本人専門家が何回も議論を重ね、書き直しをする作業を繰り返すことは、エルサルバドル人側にとって根気のいる作業である。せっかく自分が執筆した原稿に対して日本人専門家から何べんも書き直しを提案されるため、いい気がしないこともある。このような作業になれていない技官は途中でやる気をなくしたり、根気が続かなくなったりしたこともあった。一国の教科書の出来不出来は、学習者である全国の子どもの学力に直接影響を及ぼすため、日本人専門家側は技官が提出する原稿に一定の質を求め続けた。

　しかし、現実は厳しいものであった。残念ながら教科書執筆のための原則である「授業目標と問題の整合性を取る」ということ自体理解できず、教科書が原稿をうまく執筆できない技官もいたのである。日本人側も根気強く対応したが、そのためにやる気をなくす者も出てきた。その都度何度もプロジェクトダイレクターとその対応策を協議した。プロジェクトダイレクターは「技官に迎合して教科書の質を落とすようなことは絶対にしないでもらいたい」ことを我々に繰り返した。しかし同時に「プロジェクト開始時に正式に任命した技官であるから、プロジェクト内で別の仕事を与えること」を要

求してきた。よって、例えば連絡係として活動してもらったり、編集作業を手伝ってもらったりとそれぞれの技官の能力に応じて役割を振りかえることを教育省側に提案する必要があった。その技官の気持ちにも配慮しながら、教科書開発以外の業務（それも意味のある）を考えることも大事な日本人側の仕事となった。もちろん人事の問題であるため、日本人側は教育省側にオプションを示し、教育省側が決定し本人に通知するというプロセスを踏んだ。

　しかし若い技官の中で、複数回の議論、複数回の書き直しにも粘り強い取り組みを見せる者もあった。その結果、1年ほど経過すると彼らの教科書執筆能力は飛躍的に向上した。自分から日本人側に教科書内容に関して、提案してくる技官も現れだした。

　2017年3月現在、技官の間で大きな能力差がみられる結果となった。能力に個人差がみられることは正直残念であった。何とかすべての技官の能力向上を実現させ、教科書開発ができるまでに高めたかった。しかし個人の仕事への取組み方に関しては、いかんともしがたいものがあった。物事に粘り強く取り組むことができない者は、（日本でもそうであるが）なかなか能力が向上しない。態度も含めての個人の能力であることをしみじみと実感させられた。

　日本人側の対応をより難しくしたのは、教科書開発に与えられた時間が短かったことである。実質的には1～9年生の算数・数学教科書開発に与えられた時間は1年強であった。その短い開発期間に対して教育省側は順次技官の数を増加するという対応を取ったものの、（残酷な言い方であるが）人数が増えれば増えるほど技官の能力が玉石混合化したのも事実である。教科書の質と短い開発日程という条件だけを優先すれば、優秀な技官のみ少数で開発することの方が効率的かつ効果的である。しかし実際にプロジェクトを運営する際、そのような人事決定を教育省側が取ることはほとんどない。

この難しい状況内でどれだけ技官の能力を向上させつつ、質の高い教科書を開発できるのかという課題に取り組まなければならないのが国際協力の現場の現実でもある。

(6)どうやって学力向上を達成し得るのか？

いろいろな問題を抱えながらも現時点（2017年3月）で、もう少しで初版の教科書開発が終了するところまで来ている。もちろん教科書開発は一筋縄ではいかないのであるが、我々の最終目標は学力向上である。

この問いに対しプロジェクト初期の頃は、何度も教育省側と話し合いを持った。その結果、以下の三つを充足できれば学力向上が達成できるという仮説を設定しプロジェクト戦略とした。

- 良質な教材の提供
- 学習時間の増加
- 上記の実現するための教師の支援

良質な教材に関しては、前述したような教科書並びに問題集開発を通して確保できるように努めた。学習時間に関しては、授業時間内で20分の自主的・能動的な個別学習時間の確保を目指し、教科書編集を実施した。教師の協力を得て毎時間20分以上確保する戦略である。さらに問題集の活用により、何とか20分以上の自宅学習時間の確保ができるように考えた。これも教師の協力が必要である。

(7)教科書開発後の人材育成プラン

このプロジェクトでは、人材育成についてもこれまで以上に配慮した。教科書開発後は以下の二つの点に関して、人材育成を実施する計画である。

一つ目は、初版教科書の学校現場での試用である。特に若い技官は教育現場での経験が極端に少ない。粘り強く教科書開発に取り組み、自分の能力を向上させた技官も、これからは現場で自分の執筆した教科書

が学力向上に有効であるのか？という実証をしていく必要がある。協力する教師にどのように我々の学力向上に対する仮説を提案するのか？実際の授業では教科書は効果を発揮するのか？などを検証しつつ、教科書紙面をより現実に近づける作業を臨床的に実践する能力が求められる。この能力によりプロジェクト終了後、教育省自体がカリキュラムや教科書の改訂を独自に実施できるようになる。

教科書執筆者であるカウンターパート自ら授業を実践し、教科書内容の妥当性を検証している様子。5年生小数の掛け算の授業の1コマ。

プロジェクトが開発した教科書暫定版を使って学習する中学2年生。授業では20分以上の能動的な個別学習時間が保障されるように教科書編集がなされている。

　二つ目は、技官には国際学会やセミナーの機会を積極的に提供することにより、自分たちの仕事を発表する機会を持たせることである。

　2017年は、前述の学力向上仮説を現場で教科書を試用しながら検証

する。各技官はそれぞれ研究テーマを設定し学校現場で協力してくれる教師とともに汗を流すこととなる。その結果を国際学会やセミナーで発表する。人の前で話せば話すほど、彼らの考えは深まる。特に現在教科書開発の主力は若手である。20代の技官も多い。今彼らがこのような仕事のやり方を身につけ、国際学会などの場で経験を積めば、今後、彼らが退職するまでの数十年間エルサルバドル教育省員として、算数・数学教育を担っていく人材となる。

　日本の協力が今後の国造りの基礎となるのである。

2016年7月、第30回中南米算数・数学教育学会にエルサルバドルからの参加者（モンテレイ、メキシコ）。カウンターパートの能力向上並びに世界に向けた積極的な発信、学び合いの場を求めて参加。

同上学会でのエルサルバドルカウンターパートの発表の様子。

【第5章のまとめ】

2015年から2017年3月現在まで。

- 世界的教育協力の潮流の変化（学びの改善への流れ）とともに算数・数学教育協力が学習改善に重点を置くことで、プロジェクト戦略が変化してきた。
- 人材育成の重要性がより強く認識されることとともに、国際学会参加等を通して国際的な潮流にも目を向けた人材育成手法が取られるようになってきた。

あとがき

　筆者がホンジュラスに青年海外協力隊として赴任した1987年から現在まで、既に30年の月日が過ぎ去った。中米といえば「アメリカ大陸の細いところ」というくらいが日本での一般的な認識であろう。「その細いところ」で日本は、算数・数学教育の改善というゴールに向けて地道な協力を30年の長きにわたり続けてきた。

　2015年11月、中等数学教育に焦点を当てた広域プロジェクトがエルサルバドルとホンジュラスで開始された。光栄にも自分もその中で活動できるチャンスを得た。毎日エルサルバドルの人たちと活動しながら、夢を追いかける。それは、日本でもよく耳や目にするTIMSSやPISAといった国際テストで、近い将来、中米の国々が算数・数学で学力向上が確認され世界を驚かせるという夢である。とかく日本や他国で「犯罪」「危険」というレッテルを張られて報道される国々である。是非、将来的には「教育立国」として日本や他国で報道されて欲しい。教育レベルが高くなれば、外国からの投資もこれまで以上に呼び込めるかもしれない。そうなれば就業機会も増加し所得も安定する。中間層が増加していくだろう。そうすれば教育により一層力を入れるようになる。将来的には犯罪率も低減していくだろう。貿易赤字にあえぐ中米諸国はより教育に力を入れることにより、日本と同じように、世界に「教育立国」として生きていって欲しい。

　日本の算数・数学教育は世界の中でも出色であることは、前述のようにTIMSSやPISAで証明されている。そして途上国だけでなく世界中が日本の算数・数学教育に注目している。こんなに世界から評価されている素晴らしい日本の「知」を世界の人たちと共有していくことは、世界の中で日本

が担っていくべき使命であると思う。これまで私は長きにわたり教育協力に携わってきて、日本の「知」のすばらしさ、奥深さをしみじみ感じた。日本の算数・数学教育は、日本の宝である。

　そして教育協力現場の途上国で活動する日本人も「子どもの学力を向上させたい」という願いを人一倍持っている。もちろん世界中の途上国で毎日プロジェクトで活動している教育省関係者の熱意も高い。必ずや中米をはじめ途上国の算数・数学学力が近い将来向上する日がくることを確信している。

　日本の算数・数学教育が中米をはじめ途上国の子どもたちの将来に希望をもたらすことを願って、本書の結びの言葉としたい。世界の子どもたちの未来に幸あれ！

子どもたちの未来に幸あれ！

参考文献・資料

【日本語文献】
石井英真[2015],『今求められる学力と学びとは−コンピテンシー・ベースのカリキュラムの光と影−』,日本標準.
田中博史編著・宇田川浩樹著[2012],『小学校算数科　授業の基礎技術』,東洋館出版社.
坪田耕三[2009],『改訂版　算数好きにする教科書プラス　坪田算数(1〜6年生)』,東洋館出版社.
坪田耕三他監修[2014],『小学算数1〜6年生』,教育出版.
ドミニク・S・ライチェン　ローラ・H・サルガニク編著　立田慶裕監訳[2006],『キー・コンピテンシー　−国際標準の学力をめざして−』,明石書店.
奈須正裕他[2015],『教科の本質から迫る　コンピテンシー・ベイスの授業づくり』,図書文化.
西方憲広・中将典彦[2014],「JICAの数学教育協力の実績と展望−日本ブランドとしての『数学教育』の発信に向けて−」『日本数学教育学会誌』,第96巻第7号, pp. 11-15.
西原直美・澤村信英[2001],「ホンジュラス共和国算数プロジェクトの取り組み−教育の質の向上を目指して−」『国際教育協力論集』,第4巻第2号, pp. 155-163,広島大学教育開発国際協力研究センター.
日本数学教育学会編著[2009],『算数教育指導用語辞典　第四版』,教育出版.
日本労働研究雑誌編集委員会[2014],「現代日本社会の『能力』評価」『日本動労研究雑誌』No.650/September, pp. 2-5頁.
馬場卓也[2014],「数学教育の内発的発展へ向けたプロセス重視の国際協力アプローチ」『日本数学教育学会誌』,第96巻第7号, pp. 20-23.
P・グリフィン他編　三宅なほみ監訳[2014],『21世紀型スキル−学びと評価の新たなかたち−』,北大路書房.
文部科学省[2008],『小学校学習指導要領解説　算数編』.
文部科学省[2008],『中学校学習指導要領解説　数学編』.
文部科学省,「全国学力・学習状況調査」に関する各種報告書(http://www.mext.go.jp/).
OECD教育研究革新センター編著　立田慶裕監訳[2013],『学習の本質−研究の活用から実践へ−』,明石書店.
OECD教育研究革新センター編著　篠原真子他監訳[2015],『メタ認知の教育学−生きる力を育む創造的数学力−』,明石書店.
JICA青年海外協力隊各種隊員報告書.
JICA技術協力プロジェクト各種報告書.

【英語文献】

Best.M.2013."*The impact of national and international assessment programmes on education policy, particularly policies regarding resource allocation and teaching and learning practices in developing countries*" DIFD.

Cresswell.J et al.2015."*A Review of International Large-Scale Assessments in Education —Assessing Component skill and collecting contextual data*", OECD, The World Bank.

Hiebert. J et al.2003."*Teaching Mathematics in Seven Countries Results From the TIMSS 1999 Video Study*" National Center for Education Statistics.

Hook.W.2007." A quality math curriculum in support of effective teaching for elementary school", *Education Studies in Mathematics*, 65, pp.125-148.

Mullis.I et al.2011."*TIMSS TRENDS IN INTERNATIONAL MATHEMATICS AND SCIENCE STUDY、TIMSS 2011 International Results in Mathematics*" IEA.

Phelps.R.2001."BENCHMARKING TO THE WORLD'S BEST IN MATHEMATICS Quality Control in Curriculum and Instruction Among the Top Performers in the TIMSS" *EVALUATION REVIEW*, Vol. 25 No. 4, pp.391-439.

Rosen.J.2010."*Noncognitive Skills in the Classroom: New Perspectives on Educational Research*" RTI Press.

Schmidt.W.2002." A Coherent Curriculum -The Case of Mathematics-", *American Educator.pp.1-18.*.

Stigler.J et al."*The Teaching Gap-Best Ideas from the World's Teachers for Improving Education in the Classroom*".

Stigler. J、Gonzales. P et al.1999."*The TIMSS videotape classroom study methods and finding from an exploratory research project on eighth-grade mathematics instruction in Germany, Japan, and the United States*", U.S.Department of Education.

"*PISA 2012 Results in Focus What 15-year-olds know and what they can do with what they know*" OECD 2014.

"*The Learning Generation – Investing in education for a changing world—*" The Education Commission, 2016.

【スペイン語文献】
Alvarez.L otro.2015.*"Una propuesta de ICSU ROLAC a las autoridades educacionales de la región – Enseñanza de la matemáticas, una realidad para transformar en américa latina y el caribe"*, International Council for Science.
Flottes.P.2015."Informe de resultados TERCE Terer Estudio Regional Comparativo y Explcativo - Logros de aprendizaje - ", Laboratori latiniamericano de Evaluación de la Calidad de la Educación、UNESCO.
Treviño.E otro.2015."Informe de resultados TERCE Terer Estudio Regional Comparativo y Explcativo -Factores Asociados-", Laboratori latiniamericano de Evaluación de la Calidad de la Educación、UNESCO.
"3er informe de avance de los Objetivos de Desarrollo del Milenio El Salvador", Gobierno de la República de El Salvador, Sistema de las Naciones Unidads en El Salvador, 2014.
"Análisis de la Dinámica Educativa de El Salvador, en el periodo 2009-2014", Gobierno de El Salvador, Ministerio de Educación, 2016.
"Plan El Salvador Educado -Por el derecho a una educación de calidad-", Consejo Nacional de educación, 2016.
"Plan Quinquenal de Desarrollo 2012-2019" . Gobierno de El Salvador, 2014.
"Proyecto de documento final de la cumbre de las Naciones Unidas para la aprobación de la agenda para el desarrollo después de 2015", Naciones Unidads, 2015.

【その他の文献】
エルサルバドル、ホンジュラス、ニカラグア、グアテマラ算数・数学カリキュラムおよび教科書

※本書に関連する写真・資料の一部は、独立行政法人国際協力機構（JICA）のホームページ「JICAプロジェクト・ヒストリー・ミュージアム」で閲覧できます。
URLはこちら：
https://libportal.jica.go.jp/library/public/ProjectHistory/CentralAmericaMathematics/CA_Mathematics-p.html

略語一覧

CECC	Coordinación Educativa y Cultural Centroamericana（中米教育文化大臣会合）
EFA	Education For All（万人のための教育）
FTI	Fast Track Iniciative
GIZ	Deutshe Geselleschaft fuur Internationale Zusammenarbeit（ドイツ開発協力公社）
GTZ	Gesellschaft für Technische Zusammenarbeit（ドイツ国際協力公社）
HIPC	The Heavily Indebted Poor Countries（重債務貧困国）
IMF	International Monetary Fund（国際通貨基金）
INICE	Insitituto Nacional de Investigación y Capacitación Educativa（国家教育研究研修所）
JICA	Japan International Cooperation Agency（国際協力機構）
MERECE	Mesa Redonda de Cooperación Educativa（教育ドナー会合）
NGO	Non-Governmental Organization（非政府組織）
ODA	Official Development Assistance（政府開発援助）
OECD	Organization for Economic Cooperation and Development（経済協力開発機構）
OJT	On-the-Job Training（職場内訓練）
PFC	Programa de Formación Continua（現職教員継続研修）
PISA	Programme for International Student Assessment（国際的な学習到達度調査）
PRSP	Poverty Reduction Strategy Paper（貧困削減戦略ペーパー）
TIMSS	Trends in International Mathematics and Science Study（国際数学・理学教育動向調査）
UNDP	United Nations Development Programme（国連開発計画）
USAID	United States Agency for International Development（米国国際開発庁）

[著者]

西方 憲広（にしかた のりひろ）

1984年より新潟県で小学校教諭として勤務。1987年より青年海外協力隊（職種：小学校教諭）として中米ホンジュラス共和国で活動。1990年より再び新潟県で小学校教諭として勤務したあと、1996年から大学院で国際学を学ぶ（博士課程後期課程中退）。1998年より在ホンジュラス日本国大使館で専門調査員として政務（特に中米統合）・経済協力などを担当。2001年よりJICA長期専門家（基礎教育強化アドバイザー）としてホンジュラス国教育省で教育技術担当副大臣アドバイザーとして勤務（2005年より算数科指導力向上プロジェクトフェーズ１のチーフアドバイザー兼任）。2006年4月から算数科指導力向上プロジェクトフェーズ２（中米算数教育広域プロジェクト、通称"算数大好き"プロジェクト）チーフアドバイザー。2009年任期終了し帰国後、JICA国際協力専門員（人間開発部課題アドバイザー：教育）として勤務。アフリカ・アジア・中近東・中南米の教育案件策定、運営指導、評価、研修などにかかわる。2016年より再び小中等教育算数・数学指導力向上プロジェクト長期専門家（チーフアドバイザー）としてエルサルバドルに赴任。現在に至る。

中米の子どもたちに算数・数学の学力向上を
教科書開発を通じた国際協力30年の軌跡

2017年3月31日　第1刷発行

著　者：西方　憲広
発行所：佐伯印刷株式会社　出版事業部
　　　　〒151-0051 東京都渋谷区千駄ヶ谷5-29-7
　　　　TEL 03-5368-4301
　　　　FAX 03-5368-4380
編集・印刷・製本：佐伯印刷株式会社

ISBN978-4-905428-69-5　Printed in Japan
落丁・乱丁はお取り替えいたします